百家文学馆

阳光照耀你和我

格言隽语

孙旭 著

中国文联出版社

图书在版编目（CIP）数据

阳光照耀你和我：格言隽语 / 孙旭著 . -- 北京：
中国文联出版社，2016. 8（2023. 3 重印）
ISBN 978 - 7 - 5190 - 1737 - 8

Ⅰ . ①阳… Ⅱ . ①孙… Ⅲ . ①格言—汇编—中国—现
代 Ⅳ . ①H136. 3

中国版本图书馆 CIP 数据核字（2016）第 214407 号

著　　者　孙　旭
责任编辑　刘　旭
责任校对　赵海霞
装帧设计　中联华文

出版发行　中国文联出版社有限公司
地　　址　北京市朝阳区农展馆南里 10 号　　　　邮编　100125
电　　话　010 - 85923025（发行部）　　　　85923091（总编室）
经　　销　全国新华书店等
印　　刷　三河市华东印刷有限公司

开　　本　710 毫米×1000 毫米　　1/16
印　　张　15
字　　数　126 千字
版　　次　2023 年 3 月第 1 版第 2 次印刷
定　　价　78. 00 元

前　言

　　阳光照耀你，因为你有一颗灿烂的生命，我有一颗燃烧的火种，你和我就这样组成了绚丽多姿的世界。

　　在这美好世界，有白云和彩霞相融，星星的闪烁和月亮的笑脸，有给大地披上彩色新装的花朵及迷幻丛林所带给我们的神话，有海的浪花和浪花逐的歌舞……

　　在这个世界，有你美丽憧憬的闪烁和它带给你的强大的生命力，你的人生战场有形和无形的拼杀；你的情爱世界失恋的泪水和成功的欢悦……它难道能够使你奔腾的生命平静下来吗？

　　如果把上述的一切写成格言和隽语昭示人生，策励世人，这是一件多么有意义的事情，出于此

1

目的，我写了这本书，它能否点燃你心灵深处的火花，唤醒你沉睡的细胞，给你人生一些启迪和鼓舞呢？

读者朋友，我已是个夕阳西下的老人，视力和精力不允许细致地按内容分篇、分段、分句，我只能分大的篇目，请您能够谅解。

祝您丰收，愉快。

目　录

人生篇

人
于
篇

开放的花朵充满喜悦，绽放的人生充满霓虹的光彩。生命在燃烧时才灿烂，人生在贡献时才美好。

世界因你而美丽，人生因你而美好。

无论是风雨还是彩虹，人生都是一首美丽的歌。

没有大漠的跋涉，哪来驼铃绿色的歌声。

人生路上会有烟雾茫茫，但却总是旭阳相照。

灿烂的星辰，出于银河之中；美好的人生，出于时代的浪涛。

因为爱美而得到美，因为爱生活而得到人生。

蓝天有多少美丽的梦想，群山有多少峥嵘的岁月，人生有多少希望的波澜。

海有浪涛千里，人有风云万变。

生命本身没有任何价值，只有你追求它时，才会闪现人生的光芒。

人生没有追求，就像绿叶一样随风婆娑。

太阳每一天都是辉煌的，人生每一天都是灿烂的。

心中有彩虹，蓝天就美丽，人生有追求，世界就美好。

狂风暴雨有自己立场，人生旅途有自己胸怀。

人生不在于活得多长，而在于活得多好。

成功的人生是屡仆屡起，失败的人生是一蹶不起。

幻想是梦的彩翼，生活是梦的颂歌。

你厌倦人生，人生就是一片荒凉的沙漠；你热爱人生，人生就是一片绿色的草原。

人生像只船，不在风浪中颠簸，就在风浪中前进。

极端的贫困会使人在风雨中飘摇，希望的破灭会使人走上绝望的冥途。

人生有朝霞般绚丽，也有夕阳般悲哀。

别人比自己好，世界才美好。

人生是一个漫长的路程，有的人留下沉重的足迹，有的人留下淡淡的尘埃。

千里风涛，为大海讴歌；万里征程，为人生谱曲。

世界是个幸福的海洋，有的人在这个海洋中采集到珍珠，有的人在这个海洋中采集到贝壳，有的人在这个海洋中远行，有的人在这个海洋中被埋葬。

大海爱浪花的搏击，人生爱勇士的挑战。

生活，一种神秘的东西，把人引向痛苦的远方；人生，一种美丽的追求，时刻把你推向拼搏的战场。

希望只要你追求，它总是美好的；人生只要你热爱，它总是富有的。

黎明是黑夜的继续，幸福是痛苦的继续，富有是贫穷的继续。

让生活充满彩云般的幻想，让人生充满浪涛般的诗意。

小溪向往大海的浩瀚，人生向往大海的蔚蓝。

信心百倍面对逆境，满面春风面对人生。

生活不是缺少爱，而是缺少追求；人生不是缺少欢乐，而是缺少向往。

有边的江河追求无边的大海，有限的生命追求无限的人生。

不怕重担压垮，不怕路程远遥，不怕困难重重，不怕命运相逆，不怕浪潮相侵，不怕四面楚歌，不怕黑暗笼罩，坚定地走自己的路。

火焰当它燃烧时，才能闪现生命的光华；人生当它奉献时，才能体现社会的价值。

在无限的世界中，我们得到了有限的世界；在有限的世界中，我们失去了无限的世界。

站着一棵树，倒下一棵草，心却永远向着太阳。

人生如春天，带着希望而来，载着希望而去，希望可能如花盛开，鲜艳夺目；希望可能如花衰败，经一番风风雨雨拼杀，走向衰落。

多少风，多少雨，风风雨雨惹人愁；多少花，多少草，花花草草惹人醉。

在知识的海洋里畅游，在人生的道路上拼杀。

人生的不幸是火一般燃烧希望的破灭，贫困的生活受日月煎熬，灵魂的空虚和思想的堕落。

动荡不安的沙漠只要有风暴，它就飞扬，凄凉迷茫的人生只要有不幸，它就会全方位地倒下。

人生容易是因为你活得简单，人生艰难是因为你活得不平凡。

花朵会向每一个人微笑，人生会向每一个人吐芳。

太阳因为永远发光而永恒，人生因为永远贡献而不朽。

梦如人在蓝天构造自己的梦想，肢体却在风风雨雨穿梭而行，一头连着东方的日出，一头连着西方的夕阳。

人生是一场征战，有的人在征战中崛起，有的人在征战中倒下。

人生好比大海中船只，不是到达大海的彼岸，就是被大海无情吞没。

青春是一朵盛开的美丽花朵，人生是一艘远航的船帆。

生命在燃烧的时候，才有意义；人生在拼搏的时候，才有光彩。

被不幸击倒，是最大的不幸；不幸被你击倒，是最大的幸运。

向生活宣战，谱写战歌。

灾难中有希望，希望中有曙光。

幸福与乐观相伴，泪水与悲愁相随。

弱者，躲避诽谤，在诽谤中败退；强者，迎战诽谤，在诽谤中挺立。

乌云密布时，有希望的阳光；痛苦绝望时，有生存的希望。

一个小小的不幸，能断送你的前程；一件意外的打击，能葬送你的一生。

海上的黑暗和风涛的险恶难以阻挡船只的前行，人生的黑暗和风涛难以阻拦理想追求者的脚步。

山路崎岖，岁月峥嵘，生活有多少不幸，人生有多少凯歌。

生活美满如画，人生精彩如阳。

人生的道路曲曲弯弯，有多少时间它会重来，有多少人生它会重新起步。

生命像太阳一样辉煌，人生像彩虹一样美丽。

人生结识足下的土地，云朵结识蓝天的云彩。

在人生的海洋中，不求拥有大海，只求拥有浪花。

生给人间留下幸福，死给大地留下沃土。

生活有欢乐和泪水，事业有成功与失败，人生有幸福和苦痛。

人生最难的是迈步，最痛苦的是选择。

人生有两种悲剧：一种是追求你不应该追求的东西，用欲望苦苦折磨自己；另一种是万念俱灰，生存已失去它本来的意义。

闪电熄灭了，给长空留下难忘的记忆。

人要经得起旭日东升的壮丽，也要经得起夕阳西下的凄凉。

人生是场梦，有的在梦中沉睡，有的在梦中苏醒。

离愁别绪使你忧伤，痛苦迷茫使你绝望，欢乐当歌使你幻想。

四海为家，浪迹天涯，是人生的一种浪漫。

寻找太阳的人，是因为心里充满辉煌；寻找美的人，是因为心里充满绚丽。

有的人活得精彩如雷霆闪电，给世界以震撼力量；有的人活得平凡如微风细雨，像小草一样默默无闻。

在风雨中寻找属于自己的雨滴，在人生的道路上寻找属于自己的步伐；在时间的年轮上刻下岁月的汗水，在人生的道路上留下闪光的脚印。

生活充满爱，人生充满阳光。

生活最难的是选择，人生最难的是起步。

日月知道我是一个光点，大地知道我是一棵禾苗。

风风雨雨有几缕阳光，坎坎坷坷有几多喜忧。

人生，让太阳为你写下所有的辉煌；生活，让大地为你谱写所有的篇章。

要做昂头松，意气风发向蓝天。

登高，知天地广阔；行路，知人生艰难。

生命在燃烧中奉献，人生在拼搏中发光。

上不负苍天，下不负大地，中不负人群。

浪花与浪花的撞击谱奏出美丽的歌声，人生与人生的拼搏使世界精彩无限。

太阳使大地美好，人类使世界美好。

人生有时是日月双悬的两种光辉，有时是风暴和阴云的两种不幸。

事业会在追求中复活，人生会在放弃中埋葬。

精彩的世界，美丽的人生。生命，每个人都开一次花；

人生，每个人都结一次果。

人生是美丽的花朵，关键是你能否天天保持它的芳香。

生命不在长短，而在如何活着；人生不在辉煌，而在是否发光。

生命处于高潮的波峰时，可享受但不要堕落；生命处于低潮的波谷时，可忧虑但不要绝望。

热爱生命才会拥有真正的生命，热爱人生才会拥有真正的人生。

闪动的犁铧有一个美丽的期待，拼搏的人生有一个生命的幻想。

如果生命因你的存在而美好，你的生命就灿烂；如果生命因你的存在而烦恼，你的生命就不幸。

登高，仰望生命的星辰；俯视，低望生命的峡谷。

生命不在长短，而在发光；星星不在大小，而在照耀。

有的生命短暂得如一片落叶，有的生命永久得如一棵大树。

暗淡的生命为自己，光辉的生命为别人。

生命是花时，它就鲜艳；生命是草时，它就温柔；生命是水时，它就透明；生命是土时，它就真诚；生命是天时，它就高远。

有的人生命像金子一样闪闪发光，有的人生命像星星一样闪烁，有的人生命像钢铁一样坚强，有的人生命像宝石一样纯洁高尚。

无私使生命永恒，奉献使生命高尚。

生命融化在蓝天中是种幸福，融化在大地中是种永恒。

在生命的航程里留下拼搏的波澜，在时间的沙滩上留下岁月的足迹。

无数的向日葵组成了金色的世界，无数的人生架起了金色的桥梁。

是云朵就要飘荡，是花儿就要散发芳香。

不要仰首问苍穹，生命能否飞起来；不要低首问大地，生命能否发绿芽；只要问自己，生命的分分秒秒是如何度过。

困境中生命会开出美丽的花，绝境中生命会重燃希望的火。

用自己的生命挽救别人的生命，用自己的人生点燃别人的人生。

露珠因为纯洁而晶莹，生命因为奉献而高尚。

生命的花朵易枯萎，只有将它奉献给社会，这朵鲜花才能赋予美丽的光艳和永久的芳菲。

云般美丽，花般多姿，生命就是由云和花构成的梦幻。

人在红尘中翻滚，生命在浪涛中搏击。

大地开出鲜花，这是大地对人间的爱；生命开出鲜花，这是生命对人生的礼赞。

生命像喷泉一样闪现智慧和快乐的光芒。

人的生命是美丽的，如同日出之灿烂，如同海涛澎湃之壮美，如同山河之秀丽。

太阳每一天都是新的，生命每一天都是美的。

青春是美丽的，尽管它有残酷的风暴；生命是美好的，尽管它有不幸和灾难。

江水如果不遇到岛屿和暗礁，就不会溅起美丽的浪花；生命如果不遇到灾难和不幸，就不会闪烁搏斗的光华。

船只在大海中航行，才能溅起美丽的浪花；人生在大海中搏击，才能谱写生命的凯歌。

渴望阳光的人会得到它的温暖，渴望生命的人，会得到它的礼赞。

每个人都拥有生命，每个人却有不同的发光点。

生命不在腐朽中泯灭，就在燃烧中升腾，腐朽是对生命的召唤，燃烧是对生命的礼赞。

有的人生命似滚滚的波涛，每时每刻都闪现拼搏的浪花；有的人生命似缓缓的溪流，每时每刻都弹奏出悠然的乐曲。

花开花落方显生命的年华，人来人去方显生命的更迭。

灯光会代替落日的照耀，时间会代替生命的闪烁。

生命是首歌，有的为它谱写春光华词，有的为它谱写秋风凄雨。

怯懦的生命幼苗会开出残酷的花，强壮的生命会结出幸福的果。

黄金是宝贵的，但没有时间宝贵；时间是宝贵的，但没有生命宝贵。

躯体在有限空间徘徊，灵魂在无限空间飞翔。

有愧的一生，生命如梦一般幻灭；有意义的一生，生命如梦一般美好。

谁的生命在晨光中诞生，谁的希望就在晨光中成长，谁的理想就在晨光中开花。

青春是不复返的流云，生命是不复返的浪涛。

花开花落，是生命的光华；人来人去，是生命的涌动。

无心的船，自由飘荡；无心的云，自由飘飞；无心的人，任凭命运到天涯。

在一瞬间，你放走了幸福之神，它就永远不会再次将你光顾。

生命是花就要开放，生命是雨就要飘洒。

生命是美好的，有的人为它增添色彩，有的人为它留下不幸的创伤。

有的人生命在时间的浪涛中枯萎，有的人生命在时间的浪涛中开放。

　　一根火柴有一次闪耀，一个生命有一次辉煌。

　　披着晨雾，迎接旭日，开始生命的每一天；迎着晚霞，伴着月亮，送走生命的每一天。

　　有一种力量可以使青春增添光彩，有一种精神可以使皱纹和白发增添威严，这就是生命所闪现的光芒。

　　生命的大海有万朵浪花，生命的海洋有惊天动地的歌声。

　　生命的河向往遥远的大海，生命的山向往蓝天的云彩。

　　人生拥有太阳的辉煌，生命闪烁着爱的彩虹。

　　太阳照耀时，才辉煌；生命燃烧时，才绚丽。

　　海浪与礁石的撞击会产生美丽的浪花，人与人撞击闪现生命的价值。

　　人生只求平凡，不求伟大；只求发光，不求辉煌。

　　人生因为拥有而辉煌，生命因为付出而富有。

　　青春随着朝霞升起，生命随着太阳远航。

　　有的人生命在时间中无声地消失，有的人生命在时间中耸立了丰碑。

　　有美的地方就有爱情，有生命的地方就有阳光。

　　星星在深邃的天空中无言地闪烁，生命在历史的长河中静静地流淌。

死亡能结束一个人的使命，但并不能结束一个人所做的一切。

熄灭的蜡烛可以重新点燃，熄灭的生命却无法复活。

一个人的死去就是另一个人的复活。

在红尘路上跋涉，在黄泉路上安乐。

金钱识别君子小人，生死识别英雄懦夫。

活着为人间献出爱，死后为大地留下情。

从世界每一个角落来，又消失于世界每一个角落。

生做火焰，照亮别人；死做尘埃，肥沃大地。

像繁星一样，闪烁在银河；像月亮一样，照亮夜空。

来时，像旭日美好；去时，像夕阳悲壮。

生，无所畏惧；死，无所畏惧；世界便属于你，你便是世界。

一颗跳动的灵魂，停止了跳动；一颗燃烧的心，停止了燃烧；一盏明亮的灯，停止了闪动；一个崇高的思想，结束了耀眼的光华，而走向另一个陌生世界。

生如太阳之升起，闪现生命的光辉；死如夕阳之西下，闪烁生命的壮美。

生为人民洒尽热血，死为沃土培育丛林。

追求得不到满足，是种痛苦；追求得到满足，是种负担。

人生多彩是因为你有太多追求，生活苍凉是因为你不再追求。

在幻想中生活，在生活中幻想。

阳光每一天都灿烂，生活每一天都精彩。

在大地与鲜花为伴，在蓝天与彩云为伴。

心情像鲜花一样盛开，生活像浪花一样愉快。

生活因我而美好，世界因我而美丽。

幸运时，天使与你同行；不幸时，魔鬼与你同行。

香甜的果实因为经历了痛苦的忍耐，幸福的生活因为经历了不幸的跋涉。

对生活失去信心，生活是一座苦海；对生活充满信心，生活是一座乐园。

贫困的人，在生活中经受风雨；贪婪的人，在生活中经受煎熬。

凡事向好处想，忧愁减半；凡事向坏处想，忧愁倍增。

生活抛弃你，那是生活的不幸；你抛弃生活，那是你的不幸。

只要你爱，阳光总是灿烂的；只要你追求，生活总是美好的。

生活像美丽的女人，你不向她献出全部的爱，她就不会向你献出自己的芳心。

如果你不热爱生活，怎么会得到生活的热爱。

在梦中生活，生活是幅画；在现实中生活，生活是首歌。

生活有多种选择，也有多种放弃；选择自己所需要的，放弃自己所不需要的。

人生只求愉快，不求长寿；生活只求欢乐，不求富有。

如果生活背叛了你，你不要背叛生活，因为背叛在任何情况下都是一种不忠。

生活没有爱情，好比大地没有花朵；生活没有友谊，好比冬天没有阳光。

如果生活出现灾难，你就在灾难中生活；如果生活出现孤独，你就在孤独中生活；如果生活出现幸福，你就在幸福中生活。

有多少幻想，就有多少生活；有多少追求，就有多少硕果。

人的最低欲求是满足现有的生活，人的最高欲求是创造新的生活。

爱美的人，才知道美丽存在；爱生活的人，才知道生活的多彩。

有太阳的地方就灿烂，有生活的地方就有歌声。

热爱美的人，才能找到美的存在；热爱生活的人，才被生活讴歌。

生活应该是美好的，这是人的想象；生活实际上是美好的，这是人的幸运；使生活变得美好，这是人的追求。

原谅自己的过错，原谅别人的伤害，但不能原谅自己的现状。

生活有春光明媚，也有严冬白雪；有春雨温柔，也有烈日风暴。

人生的富有，是因为有追求；生活的富有，是因为有向往。

人生在痛苦中寻找自己的路，在荆棘中寻找自己的花朵。

如果你选择了生活，生活就会像白帆一样轻松；如果生活选择了你，生活就像大海一样沉重。

天上有阳光，大地有鲜花，人间有真情，难道生活不美好？

如果你热爱生活，就把自己奉献给生活；如果你热爱人生，就把自己奉献给人生。

生活要有浪花的激情，也要有大海的沉思。

生活有寻求，有征服，有创造，你赋予它什么色彩，它就怎么闪耀。

不幸的人会以别人更大的不幸来安慰自己，幸福的人会以别人更大的幸福来折磨自己，拥有的人会以别人更大的拥有来苦恼自己。

沙场上战胜敌人是英雄，生活上战胜自己是豪杰。

一朵浪花的歌唱，会引来千层波浪的欢歌。

生活在无边的世界中寻找一个有边的世界。

生活有阳光的喜悦，也有黑暗的笼罩；有爱的花朵，也有仇恨的拼杀；有和平的田野，也有燃烧的战火。

生活的欢愉，不是你有了一个丰富的物质世界，而是你有了一个富有的精神世界。

生活因为追求而美好，世界因为向往而迷人。

幸福的人生活在幻想中，痛苦的人生活在忧愁中，诚实的人生活在劳动中；伟人生活在拼搏中，凡人生活在寂寞中。

过去的生活，是泪水的回忆；今天的生活，是含笑的蓓蕾；明天的生活，是彩虹的飞越。

白天赞美太阳，夜晚赞美月亮，生活就是一首赞美的歌。

你心中有太阳，生活就不会有阴霾；你心中有月亮，夜晚就不会有黑暗。

一个高尚的人为别人而活着，一个潇洒的人为自己而活着。

生活的航线一旦确定，生活的小舟就应该勇敢地向既定目标航去；尽管蓝天没有云彩，大海没有情歌，身旁没有伴侣，只有海涛无情地敲打。

人有五种生活目的：追求知识，使自己充满智慧；追求享受，使自己充满快乐；追求地位，使自己称雄天下；追求美丽，使自己成为艳丽的风旗；追求理想，使自己充满灿烂的阳光。

有梦的生活是美好的，无梦的生活是不幸的。

生活因为有了追求而痛苦，因为有了愉快而忧郁。

按照自己愿望生活，在生活中构造天堂；按照别人愿望生活，生活只能是支离破碎的缩影。

生活像一艘航船带我们离开陆地而又走向另一块陆地。

在现实中生活的人幻想天堂，在本国里生活的人幻想异国他乡。

人为今天生活，是你生命的一部分；人为明天生活，是你生活的全部。

不在玫瑰花中陶醉，不在树荫下消磨时光，不在宁静的港湾安度岁月。

只要你心中有美丽的蓝天，生活就会为你披上美丽的彩虹。

生活中为别人建造天堂，自己愿在天堂外徘徊。

有的人在自己的不幸和别人的幸福中痛苦地生活，有的人在自己的幸福和别人的痛苦中愉快地生活，前者用痛苦来折磨自己，后者用欢愉来安慰自己。

有的人在生活中挣扎，有的人在生活中煎熬，有的人在生活中陶醉，有的人在生活中奋起。

在生活的大海中航行，胜利者以自己的自豪宣告自己的幸运；失败者以自己的苦难唱出自己的哀歌。

生活，今天给你失望之酒，明天就给你希望之杯。

睡着时生活是一个美丽的梦，醒来时生活是一个无尽的烦恼。

生活是鲜花，向你微笑；生活是美酒，给你陶醉。

人生有的在寒风中战栗，有的在春风中陶醉。

无法拒绝的是生活的开始，无法忍受的是生活的过程，无法抗拒的是生活的结局。

生活的不幸会将人埋葬，生活的幸福会将人复活。

人人为自己，太阳严寒；人人为大家，太阳温暖。

原谅生活的不幸，感谢生活的美好，赞美生活的未来。

人会为眼前的享受而喜悦，而为未来无法得到的东西而悲哀。

鲜花虽好不要留恋，生活美好不要陶醉。

人生有多少个梦幻，生活就有多少鲜花。

生活中有的人为你挖掘陷阱，那是圈套；有的人为自己挖掘陷阱，那是埋葬。

人的不幸是黄金支配你，人的幸福是你支配黄金。

有人在生活中安慰自己，有人在生活中折磨自己，有人在生活中激励自己。

有的人生活如花似梦，有的人生活如叶似风。

有的人靠汗水生活，他的生活是真诚的；有的人靠幻想生活，他的生活是缥缈的。

阳光天天都灿烂，生活天天都美好。

健康和愉快虽然不是财富，但是它比财富更珍贵。

人生为了一切，一切为了人生。

灵魂生命的强大可以战胜肉体生命的脆弱。

阳光中迎来了多少美丽的前程，风雨中度过了多少春夏秋冬。

生命，每一次前进都是激昂的战歌，每一次回忆都是泪水的苦痛。

人生需要的是光彩，生活需要的是美满。

平静的生活使人感到不幸，波澜壮阔的生活使人充满激情。

生活，有时满天乌云，有时阳光灿烂。

一个人的一生，也许会美丽很多次，但不引人注目；一个人的一生也许只美丽一次，但人们却永远不会忘记。

人的面前都有一盏明灯，这盏明灯能照亮你前进的道路，也能把你引入黑暗。

活得潇洒，如神仙；死得悲壮，如英烈。

人在梦里像花，花在梦里像彩虹。

浪花与浪花的相碰，便有愉快的歌声；人生与人生的拼搏，便有精彩世界。

理想篇

希望在寻找中到来，憧憬在追求中实现。

用有声的歌去追求未来，使未来充满闪电的力量；用无声的歌去追求未来，使未来充满大海的沉寂。

播种春天的人，会得到金色的收获；播种理想的人，会得到灿烂的前程。

没有梦想的种子，就没有希望的花朵。

在摇篮里酝酿，在大海中起航！

光明总是在战胜黑暗后到来，彩虹总是在风雨后出现。

心中没有希望，蓝天没有彩色的云朵。

有人把希望寄托在自己的劳动上，有人把希望寄托在别人的幻想上。

旭日东升时构思，夕阳西下时奋发。

平凡的人因理想而伟大，伟大的人因理想而辉煌。

人有理想是春天的雨，人无理想是冬天的风。

朝霞因为理想而灿烂，落日因为理想而壮观。

幻想会像泡沫一样消失，唯有理想像大海上燃烧的日出在东方升起。

获得事业没有荣誉，同样辉煌；获得荣誉没有事业，荣誉也失去光彩。

功名使人显赫，财富使人富有，荣誉使人放光，理想才是这一切中最灿烂的。

火烧得灿烂，是因为火本身有燃烧的欲望，人追求辉煌，是因为人本身有辉煌的思想。

在一个理想的光辉中生活，要比一个富翁幸福得多，美满得多。

是星星就要照耀，是蓓蕾就要开花，是理想就要闪烁。

财富会使人冒生命危险，理想会使人为它奋斗终生。

理想使你胸有百万雄师，胸有五洲风云。

蓓蕾渴望希望的花朵，人生渴望生命的光华。

一个在理想中生活的人，他可能倒在理想的道路上，不管能否到达目的地，他的脚下是灿烂的，他的前边是辉煌的。

爱情，因为甜蜜而美丽；理想，因为灿烂而辉煌。

有坚定的信念，向太阳一步一步走去，有美好的追求，沿着江河寻找大海。

理想是瑰丽的天堂，有的人一步一步向它走去，有的人一步一步向它离去。

理想，在征途上，你是目标；大海中，你是航向；黑暗中，你是明灯；事业中，你是希望。

理想是一种火焰，一种力量；是火焰就要燃烧，是力量就要呼风唤雨去战斗。

阳光照耀的地方就有希望的绿芽，春风吹到的地方就有希望的火种。

只要努力就有希望，只要拼搏就有未来。

人不能在幻想和神话中生活，却要在现实中耕耘和播种。

现实需要你辛勤的劳动，幻想需要你甜蜜的翅膀。

过去留下脚步无数，今天有多少丽日凯歌，明天朝阳中送来多少灿烂的硕果。

大海的激情是因为远方有诱惑的召唤，人的激情是因为未来有美丽的彩虹。

现在风风雨雨一路跋涉，未来坎坎坷坷阳光普照。

人们把未来描写成无数迷人的仙境和神奇的国土，可现实给你留下的是不幸的楚歌。

人会在虚无缥缈的梦中飞翔，也会在泪水的坎坷中跋涉。

见过星星，见过月亮，却见不到未来的前程，前程也许是灿烂的阳光，也许是阴云密布。

未来是一个彩色的梦，现实是一个美丽的花朵。

人在现实的王国里生活，却幻想天堂里的歌声。

理想是火炬，在远方照耀；理想是彩虹，在远方闪烁。

人用黑色笔书写现在，用彩色笔书写未来。

哀叹黑夜的人，黎明的曙光怎么会将你照耀；哀叹现实的人，怎么会有希望的光芒将你指引。

心中的彩虹如果和天上的彩虹能连成一片，天上和人间就是霓虹的世界。

如果你等待明天，明天是多么的长啊，如果你等待未来，未来是多么的遥远啊。

希望对有的人是场美丽的梦，对有的人是个美好的现实。

只有愿望没有希望，是种悲哀；只有希望没有愿望，是种虚幻。

风风雨雨的夜晚换来了艳阳高照的白昼。

智慧的灯一旦熄灭，人便憔悴；希望的灯一旦熄灭，人便绝望。

有的人缺少现有的一切，有的人缺少未来的一切，前者是种需要，后者是种追求。

人会为不满足眼前的现实而痛苦，也会为远不可及的未来而悲哀；会为满足眼前的现实而愉快，也会为远不可及的未来而高歌。

聪明的人用汗水迎接明天，愚昧的人用幻想构造未来。

每一个今天构成明天，每一个现在构成未来。

人不是为光辉的现在而活着，而是为灿烂的未来而活着。

海浪愉快的歌声告诉我，你应该去追求洁白的未来。

没有时间的人得到未来，有时间的人失去现在。

愚昧的人把幻想寄托在远方，聪明的人把理想寄托在现实的土壤。

现实是春风，理想是彩虹。

眼前是一缕幸福的曙光，未来是一道美丽的彩虹。

人往往向往天上的彩虹，却忽视了照在身上的阳光。

一个力量有限的人，拥有现在；一个力量无边的人，拥有未来。

希望是希望时，它是美好的；希望是现实时，它又失去追求时的神秘。

遥远的过去，如同大海消失的浪花，有欢歌有苦痛；

现实的世界，如同大海的怒涛，有汗水有拼搏；茫茫的未来，如大海的远方有梦幻，有追求。

告别过去，不管是歌声还是泪水，都是一种幸福；告别现在，不管是歌声还是泪水，都是一种苦痛；迎接未来，不管是歌声还是泪水，都是一种喜悦。

生命不在于拥有，而在于辉煌；事业不在于成功，而在于拼搏。

风筝在蓝天翱翔，是因为它有一种向上的期盼。

默默无闻的奋斗是蕴藏的蓓蕾，当它含笑开放时，是喜悦的花朵。

大海如果没有风暴的挑战，大海就没有生命的高歌，人生如果没有事业的挑战，生命不会闪现自己的辉煌。

青春，属于为青春奋斗的人；生命，属于为生命奋斗的人。

年轻时驾驭着船只勇敢地去搏击风浪，晚年躺在船上在宁静的港湾回忆往日的风采。

作为理想的人要奋斗，作为奋斗的人要理想。

蓝天有我的理想，大地有我的诗行。

有勇气迎接太阳的是雄鹰，有勇气搏击大海的是水手。

暴风雨使松柏更坚强，浪花使礁石更美丽。

光荣的人热爱事业，坚定的人向往未来。

一个寻找爱的人，会不怕道路的坎坷；一个寻找理想的人，会冒着生命的危险。

追求金钱，永不满足，追求事业，永不停步。

艰难，使一个凡人走上伟人的宝座。困苦，使一个士兵成为一个将军。

好舵手不怕千里风涛，好男儿不怕烈日风暴。

征程，使多少汉子在黎明前倒下；又使多少汉子，在夕阳中走向未来。

惊涛骇浪中，可以领略大海磅礴气概；痛苦困境中，可以考验人生的立场。

是雄鹰，就要搏击万里长空；是勇士，就要迎战惊涛骇浪。

明天，万里征程在远方闪烁。昨天，千里波涛在身后喧响。

勇敢的人，在困境中建立蓝图；怯弱的人，在温室里规划明天。

红旗因为信念而在天空飘扬，人因为追求而在人生战场上拼搏。

山不会使人跌倒，你却会跌倒在山上。

仰高山有飞天之志，入大海有降宇宙决心。

沙粒想埋没种子的希望，但是它还是在不断地寻找机缘。

困难将寻找怕困难的人，胜利将寻找胜利的人。

人的不幸是跟着人亦步亦趋，人的幸运是自己走自己的路。

小草盼望大树的高枝，大树盼望蓝天的云彩。

富人因为贪婪而嫌宇宙小，穷人因为满足而知天地宽。

航行的人不是盼望彼岸，而是盼望远方的召唤。

目标，有无数个目标，属于你的只有一个目标。人生，有无数个人生，属于你的只有一个人生。

为了美好的今天而生活，为了美好的明天而学习，为了美好的未来而去爱，为了灿烂的前程而追求。

登山，有蓝天志。入海，有大海胸。

人不可能像峰峦那样峥嵘，却可以像峰峦那样永不动摇。

只知道向往，不知道奋斗的人，是个幻想家。既向往又奋斗的人，是个理论家。能够将向往变为实践的人，是个实践家。

不要因为风暴，就怀疑蓝天的彩霞；不要因为风浪，就怀疑大海的蔚蓝；不要因为失败，就怀疑成功；不要因为不幸，就怀疑幸福的曙光。

有的人路在天上，因为他把理想给了彩虹；有的人路在山上，因为他把理想给了云海；有的人路在海上，因为他把理想给了海洋。

人如果没有追求，世界就是一片悲哀的土地。

无限的欲望和有限的力量，使人在一种痛苦中挣扎和煎熬。

人们既会为身旁的现实而悲哀，也会为远不可及的理想而心潮澎湃。

人的壮志再高，也没有山高；山的壮志再高，也没有天高。

追求时的欲火比享用时的欢乐要精彩得多，美丽得多，愉快得多。

浪花能够幸福地歌唱，因为它拥有自己的海洋；人能够幸福地生活，因为他拥有自己的事业。

追求事业，需要你付出毕生的生命；追求理想，需要你付出全部心血。

目标，是一种神秘的幻想，驱使你去追随它的身影，没有它，爱的小舟再也没有力量向幸福的岛屿驶去。

阳光有追求，才灿烂；大地有追求，才富有；江河有追求，才澎湃；人有追求，才拼搏。所有的人都崇拜高山，因为那里有至高无上的辉煌；所有的人都仰慕蓝天，因为那里有你的幻想；所有的人都向往太阳，因为那里有你幸福的波浪；所有的人都向往事业，因为那里有你迷人的辉煌。

对别人要有信心，对自己要有信念。信心，是一种信任；信念，是一种追求。

你追求事业，事业就在远方燃烧；你追求理想，理想就在远方闪烁。

爱的花朵，为钟情者开放；事业的花朵，为追随者欢歌。

追求，是远方闪烁的灯光，一种欢呼的激情，在心中激荡，没有它，人生的生活，就没有那华丽的篇章。

人追求一种美的生活，那绚丽多姿的花朵，谁不喜爱。人追求一种美的人生，那美丽锦绣前程，谁不向往。

人追求一种美的事业，那一幅幅宏伟的蓝图，谁不爱描绘。

花，追求人的美好。人，追求花的芳香。花，追求的是蜃楼的幻影。人，追求的是空梦一场。

人追求时的兴趣，不是已占有和拥有的东西，而是没有占有和拥有的东西。

希望的路——漫长，人生的路——没有边疆。

自强的人，意气风发走向未来；自信的人，充满信心走向人生的目标。

别人的幻灭，不能动摇自己的抱负；别人的绝望，不能泯灭自己的希望。

当希望展翅飞翔的时候，你心中就有了云彩在飘荡。

有希望就要飞向蓝天，有向往就要笑迎朝霞。

花儿有个芬芳的心肠，人生有个希望的幻想。

希望即使没有希望，也是种希望。

希望每天都是新的，生命每天都拥有辉煌。

希望因为行动而美好，希望因为幻想而破灭。

多彩的信念在天空闪烁，希望的翅膀在蓝天飞翔。因为有了爱，才有希望；因为有了希望，才有追求。

人有一种占有的欲望，这种欲望使人满足；人有一种创造的欲望，这种欲望使人充满激情。

欲望是世界旋转的发动机，要求过低，难以启动；要求过高，机芯毁灭。

得到财产的人更加渴望财产，是种贪婪；得到爱情的人更加渴望爱情，是种淫欲；得到地位的人更加渴望地位，是种野心。

人生既有风雪交加，也有艳阳当空，既然迈上了征途，就不要停止自己的脚步。

有的人为别人走上征途，有的人为自己走上征途。

希望给你一幅色彩斑斓的蓝图，让你按照自己的愿望去描绘美丽的未来。

生活的贫困是不幸的，希望的破灭是种毁灭。

天空中有一片美丽的彩霞，用色彩的双翼向它飞去。

只要你追求，你心中就有一片美丽的蓝天。

一个人的不幸是没有目标，一个人的幸福是有了方向。

火焰熄灭了，还可以再度燃烧；希望破灭了，还可以崛起。

希望是星星，它永远在天庭闪烁。

希望会像浪涛那样欢歌而来，也会像浪涛那样悄声而去。

一颗没有希望的种子，即使掩入土地，也不能长出生命的绿芽。

大地因为希望而永恒，江河因为希望而奔流，天空因为希望而灿烂，生命因为希望而充实。

驾着希望的云朵而来，驾着希望的云朵而去，人生就是为了希望如云彩在天空飘荡。

天因希望而蔚蓝，海因希望而浩渺，人因希望而富有。

星星因为希望而灿烂，大地因为希望而丰收，世界因为希望而美妙，人因为希望而多彩。

希望是火，你给它原料，它就燃烧。

希望是灯，你给它光芒，它就照耀。

太阳照耀，群星闪烁，都是为了给你一个美好的希望。江河奔流，大海歌唱，都是为了给你一个幸福的向往。

生命的风帆如果没有幻想，就没有远方蓝色的海岸。

大地因为希望而永恒，江河因为希望而奔流，天空因为希望而灿烂，生命因为希望而充实。

千里冰封被烈火融化，万里雪飘被信念摧毁。

仙境藏于奇峰之中，珍珠藏于大海深处。

不敢与风浪较量的人，成不了水手。不敢与人拼搏的人，成不了事业。

如果你有希望，你就会在梦想中飞翔。

最痛苦的追求也比最愉快的享受要幸福得多。

每个人都可以打开希望城堡的大门，但是你不一定真正成为它的主人。

冬有多少希望，春就有多少花朵。

有时苦苦地追求，却不如庄严地放弃。

只要有太阳照耀的地方，就有生命的火花，只要有春风吹过的地方，就有希望的绿芽。

理想，对于有决心而没有行动的人来说，是虚无缥缈的雾，对于有决心、有行动的人来说，是雾中花。

有理想的人，在灿烂的阳光下，迈向征途；无理想的人，在黑夜中左右徘徊。

为理想洒尽了汗水，耗尽了年华。

人的力量来源于追求，人的理想来源于奋击。

为金钱而奔波的人将失去岁月，为事业而奔波的人将得到未来。

旭日在等待中，迎来了黎明的曙光；蓝天在等待中，迎来了美丽的彩虹；大海在等待中，迎来了幸福的波浪；春天在等待中，迎来了百花怒放。

为了事业可以抛弃自己的生命，为了理想可以献出自己的青春。

船没有理想，任凭大海颠覆。人没有理想，任凭生活摆布。

大地向勤劳的人献出谷穗，理想为奋斗者献出光环。

世界是一个幸福的海洋，每个人在这个海洋中只能汲取属于自己的浪花。

远方有太阳，心中有阳光，只要你爱世界总会美好。

凡是有阳光的地方，就有希望。

青春会使你年轻，而希望却会使青春更年轻。

如果太阳没有给你美丽的希望，星星就会给你无尽的遐想。

有希望的时候，希望是明亮的灯；无希望的时候，希望是不灭的火。

雾中弥漫着朦胧的希望，夜中洒布着晨曦的曙光。

如果没有梦，就没有彩色的希望。

希望是云彩，等待与彩虹的相遇。

在无希望中寻找希望，在无理想中寻找理想。

人生有一千个希望，属于你的只有一个希望。人生有一万个梦，属于你的只有一个梦。

一个有理想的人不会绝望，一个热爱事业的人不会灰心。

奋斗后的失败还会有成功的希望，成功后的失落就不再会有成功。

暴风雨后是艳阳高照，黑暗过后是黎明的曙光。

别人对你失去信心，你并不能被毁灭；自己对自己失去信心，你就完全被毁灭。

江河不停地追求汇成蓝色的大海，人的不停追求汇成世间的彩虹。

人追求的最高境界是：乌云阴霾的天空展现美丽的彩霞，这彩霞能汇成绚丽的彩虹。

人生在于追求而不在于拥有，追求浪花般的喜悦，拥有美酒似的陶醉。

希望与希望连成一片，就是美丽的彩虹。

大海在期待中迎来了浪花的欢歌，大地在期待中迎来了旭日的东升，鲜花在期待中迎来了自己的艳丽，人生在期待中迎来了美好的时期。

有人在幻想中得到满足，有人在幻想中得到力量。希望向往金色的太阳，希望的追求通向理想的坦途。幻想是永远实现不了的希望，希望是实现了的幻想。

人往往追求最高不可能实现的目标，而放弃了眼前能够实现的目标。

寄希望于蓝天的人渴望飞翔；寄希望于大海的人渴望远航。

如果没有希望，天空就没有闪烁的群星，大海就没有愉快的歌声。

人生在梦中生活，在希望中追寻，远方的希望是朦胧的，但人们热衷于追求它的神秘。

寄希望于丰收的人才能去播种，寄希望于蓝天的人才有未来。

目标的放弃（众多目标）正是为了目标的实现（专一目标）。

有的人在落日中西沉，有的人在落日中东升。

有的奋斗并不能达到目的，它却能燃烧你的思维，活跃你的细胞，激起你生命的火花。

只要你奋斗，昔日的沧海可为今日的良田。

在梦中生活，在希望中幻想。

如果你心中没有美丽的幻想，蓝天就不会有美丽的彩虹。

有的希望是美丽的彩虹，十分遥远；有的希望是大地的花朵，十分亲近。

无限的诱惑给你带来无限的痛苦，无限的希望给你带来无限的欢歌。

燕雀低旋，因为志小；鸿鹄高翔，因为志高。你不征服困难，困难就征服你。

不是你的东西，现在属于你，将来你还会失去它。

为了最终目标，就要放弃眼前目标。为了最终理想，就要放弃其他理想。

天空等待云朵的到来，海港等待渔舟的返航。

大海有激情，才有浪花，人生有激情，才会建功立业。

你追求，希望就是良田；你不追求，希望就是沙漠。

人会毁于欲望燃起的熊熊大火，人会在欲望中压制的痛苦中各受煎熬。

有条件追求理想，你不去追求，就失去未来。没有条件追求理想，你去追求，那是白白浪费时间。

风风雨雨几多忧愁，阳光明媚几多喜悦。

一个坚强的人，不怕受苦；一个出色的人，不怕失败。

成功是微笑的花朵，奋斗是痛苦的荆棘。

追求伟大的目标，使人变得高尚；追求低下的目标，使人变得低卑、沉沦。

天空有蛟龙腾飞，大海有巨鲸漫游。

人在激流中拼搏，鸟在风暴中翱翔。

舟帆在风浪中显示本色，人在危难中显示气概。

人在希望的世界中生活，人在幻想的世界中构思。

你的希望可能像一条小溪消失，也可能像大海一样无垠。

有希望会忘却烦恼，没有希望会觉得空虚。

人是由梦和希望组成的花朵，梦有播种的辛劳和丰收的喜悦，希望有痛苦的泪水和欢乐的凯歌。

把希望寄托在别人身上，好比把风筝放到天空，随时都有飘落的危险。

对知识的追求使人充满欲望，对精神的追求使人崇高，对物质的追求使人堕落。

不在成功，而在奋斗。不在拥有，而在追求。

有的人希望的花朵在美丽的土地上开放，有的人希望的花朵在静谧的天国开放。

两肩挑起日月风雨，双脚迈开万里远程。

尽管理想的金字塔高入云霄，但是它永远在你脚下。

奋战可破道道难关，拼搏可破重重城堡。

向上攀登的人，不要只看升在天上的云彩而忘记峡谷深处的花朵。

理想不能超过理想的能力，希望不能超过希望的能力。

追求像座美丽的大山，人们从四面八方向它走去。

欲望的满足是种幸福，欲望的追求也是种幸福。

失望时多想想成功，不幸时多憧憬未来。

有的人生在大地，他的心却在蓝天白云之上翱翔。

在时间的沙滩上留下岁月的足迹，在生命的航程中留下搏击的风浪。

奋斗的火不能熄灭，奋斗的情不能消失，奋斗的路不能停步。

蓝天中有一朵云彩属于你，夜空中有一颗星星属于你。

一步一步向山上走去，就能接近顶峰；一步一步向远方走去，就能接近理想。

希望是黎明前的曙光，不经过黑暗的拼搏怎会有喜悦的花朵。

只要你有一颗追求的心，青春的年华在你生命的阳光里就会永远闪现迷人的光彩。

不经过冰霜，就没有春天的花朵；不经过暴风骤雨，就没有美丽的彩虹；不经过黑暗的拼搏，就没有旭日的东升。

沙漠里有黄金，大海里有珍珠。

追求的舟船停泊在幻想的港湾，海洋对于它永远是一个陌生的画面。

是男儿就要纵横世界，是女儿就要奔赴沙场。

个人在追求中完善，单位在追求中前进，祖国在追求中腾飞。

虾小过大江，船小过海洋。

慢行的骆驼能到达目的地，奔驰的骏马有时却倒在征途。

胸有大海才有浪花，胸有蓝天才有白云。

有梦想就有美丽的彩虹，有目标就有美丽的希望。

因为希望而走向远方，因为未来而到处"流浪"。

是火种就要燃烧，是春风就要温暖人间，是鲜花就要开满大地，是希望就要架起美丽的彩虹。

成功的人，也许你得到一片落叶，也许你得到一片云彩，也许你得到整个蓝天。

追求能使你的生命细胞闪现最活跃的光芒。

追求的并不一定成功，成功的一定是在追求之中。

灾难使你懂得了人生的不幸，拼搏使你懂得了道路的艰辛。

奋斗的人，永远在奋斗；等待的人，永远在等待。

跋涉在大漠的旅途，渴望生命的绿洲；跋涉在崇山峻岭，渴望危险的归期；穿梭在广袤的丛林，渴望走出林海的迷雾。

有的人在前进的道路上沉沦，有的人在前进的道路上升华。

太阳的西落不是熄灭了那燃烧的生命，而是聚集了明天更辉煌的岁月。

小溪在大海面前不自卑，星星在月亮面前不失意。

不要让追求的小舟停泊在幻想的港湾，否则大海对于它，永远是个谜。

无牵无挂会使你勇敢，一无所有会使你勇往直前。

心灵火焰永远燃烧的办法，就是永远保持一颗追求的心。

人不可能实现一切希望，但可以实现一部分希望。

人的希望会像星星一样在夜空闪烁。

人把希望寄托在别人身上，希望会落空；人把希望寄托在自己身上，希望会实现。

一个人追求的目标越高，他的灵魂就越纯洁。

人有多少希望就有多少失望，希望越多失望越多。

美丽的灵魂何时才能闪现，期待的岁月何时才能到来。

有奋斗才有燃烧的烈火，有希望才有美好的花朵。

人因为有希望的追逐而充满追求的心。

人的幻想像云朵一样飘荡，最后它不是消失在天空，就是融化在宇宙。

孩子的愿望是轻柔的风，青年人的愿望是蒙蒙的雨。

理想，天空蔚蓝色梦幻；理想，燃烧的生命火光。

有的人异想天开，想坐着轿子上天堂，有的人脚踏实地，辛勤耕耘，踏实播种。

万物，都在追求之中。大地追求丰收，江河追求大海，日月追求光辉，人类追求的是彩色梦幻和美丽的奉献。

为了理想，就要忍受一切苦难，为了事业，就要放弃眼前的一切。

明珠，在大海深处；美玉，在大山之岫。

爱情向幸福的人微笑，理想向拼搏的人捐赠。

江河中寻找大海的人，才能造就惊天动地的事业。

金钱会产生不幸的悲剧，理想能升起幸福的曙光。

追求是一个无限的境界，奋斗是一个无边的海洋。

女孩子爱向山顶奔跑，男孩子爱向蓝天飞翔，尽管追求的高度不一样，却有着同一个东西——向上。

江河如果没有追求，就没有大海的磅礴的气概；人如果没有追求，就没有辉煌的事业。

乞丐有自己的欢乐，王子有自己的苦痛。

希望在哪里，希望在你追求之中，生命在哪里，生命在你拼搏之中。

人的希望是任何力量都无法改变的，任何力量都无法摧毁的，除非他自己落下远征的风帆。

哥伦布给我们留下的不仅是新大陆，更重要的是留下了一条只要有希望就会成功的真理。

希望，使哥伦布发现了新大陆；希望使爱迪生有了光明的世界；希望使一个凡人建树了辉煌的业绩。

南飞的大雁，披一身彩霞，集日月风雨，向着理想翱翔，翱翔！

鸿鹄爱在蓝天展现自己的身姿，燕雀爱在屋檐构造自己的乐园。

未来的梦，是个彩色的船，它把你带到远方的大海。

花因为幻想才开放，人因为幻想才美好。

在幻想的天国里遨游，不如一步一步向蓝天走去。

万里扬波为了彼岸，千里风尘为了绿洲。

有人寻找美丽的梦幻，有人寻找现实的洒脱，有人寻找如花似霞的爱情，有人寻找童年失去的天真。

人像驼队一样追求心中的绿洲，人像船只一样追求大海的彼岸。

路，始终在人的脚下；山，始终在人的眼中。

燕为青春登云霄，人为事业登蓝天。

人生不会为拥有而陶醉，却会为追求而陶醉。

只要你追求，大地就丰收，江河就扬波。

没有想象力的灵魂是可怜的灵魂，没有想象力的世界是可怜的世界。

有限的人生，无限的追求。

彩霞经过痛苦的煎熬，才将蓝天装饰得美如画。

世界上没有一种力量能够阻止江河流向大海，世界上没有一种力量能够阻止人类为理想奋斗。

茹贝尔在向你微笑，可是在走向他时，有多少人无声地倒下！

期待，人生有一百种期待，属于你的只有一种期待；希望，人生有一百种希望，属于你的只有一种希望。

驼队永远不会停止自己的跋涉，因为远方有一个绿色的爱。

马不到终点不停步，人不到终点不歇脚。

人生充满希望，像太阳拥有辉煌。

生命不在于拥有多少辉煌，而在于拥有多少闪光点。

溪水如果没有幻想，就进不了大海的怀抱；人如果没有幻想，就进不了理想的王国。人不能到达遥远的世界，却时时刻刻想着遥远的世界。

人生不在于你多么富有，而在于你多么辉煌。

追求阳光的人，会得到温暖；追求理想的人，会得到事业。

要获得知识，就要有勇气走向海洋，要获得成功，就要有勇气走向未来。

追求理想的人，不会快乐，因为快乐会使你失去理想；追求快乐的人，不会追求理想，因为理想会使你失去快乐。

人的欲望像彩云一样多彩，但也会像雾一样迷茫。

追求理想的人，懂得理想的乐趣；追求事业的人，懂得事业的价值。

为了前程放弃自己的幸福，为了理想放弃自己的享受。

大漠，需跋涉；江河，需欢歌。

冰冻过后是百花盛开，积雪过后是含笑蓓蕾。

千千万万种机会，属于自己的只有一种机会；千千万万条道路，属于自己的只有一条道路；千千万万种理想，属于自己的只有一种理想。

事业，当你追求时，才有那强大的诱惑力。理想，当你奋斗时，才有那火焰，那风采。

不经过感情的大江南北，不经历人世间的暴风雨，怎有梅花扑鼻香。

人生不在于拥有，而在于追求。拥有是种幸运，追求是种乐趣。

信仰，使你对遥远的星辰，产生一种闪烁的诱惑，它同时可以挽救一个毁灭的灵魂。

思想的驼队，永远走不完希望的路遥。

信仰，是自由世界中飞翔的一只白鸽，只有蓝天才会给他慰藉。

鹤披着彩霞而飞，云载着希望飘荡。

鸿鹄直入云天，是它理想远大；燕雀安居屋檐，是它志气低下。

等待，使人迎来日出；希望，使人迎来曙光。

永远不要失去希望，除非你已毁灭；永远不要停步，除非你已不再呼吸。

鹿渴望溪水，河渴望海洋，人渴望理想。

只要有追求，生活就精彩；只要有向往，事业就成功。

希望的最终失败，就是缺乏最终的追求。

钢铁一般的坚定，大山一般的永恒。

只要心诚，石头也会开花；只要志坚，钢铁也会熔化。

江河与江河的交战，才有大海浩瀚的气概；人与人的交战，才有千军万马的奔腾。

在黄昏中沉沦的人，不会在朝霞中升起。

鲜花的开放，经过岁月的风霜，事业的成功，经过坎坷的跋涉。

人生要经历过征服别人和征服自己的两次征战，前者需要你的才华和热血，后者需要你的坚韧和不拔。

世界美丽，因为每个人都爱它；人生辉煌，因为每个人都追求它。

没有什么东西能摧毁人的幻想，没有什么力量能削减人的希望。

追求理想比拥有理想更美好。

希望的大陆，属于哥伦布；希望的人生，属于每个人。

聪明的人，用汗水浇灌世界；愚昧的人，用幻想构造乐园。

理想需要追求，幻想需要彩翼，事业需要决心。

事业不在幻想，而在追求。理想不在实现，而在奋斗。

爱心中的事业，不要爱事业中的自我。

黄金可爱，因为它闪烁着迷人的光芒；事业可爱，因为它永远燃烧着青春的火焰。

有信仰的人，在追求中得到快乐；无信仰的人，在追求中失去人生。

只要你追求理想，理想就在远方燃烧；只要你追求事业，事业就在远方闪烁。

当你冒着生命危险在崖壁上攀登的时候，一定会想到将来玫瑰色的希望所带来的欢快。

世界上没有一种力量，能够摧毁人们对希望的向往。

珠宝，在她喜爱人面前，才闪现光彩。理想，在她追求人面前，才灿烂辉煌。

人按照自己的设想，创造世界；人按照自己的愿望，改造世界。

理想，使生命升华；爱情，使生命燃烧。

为事业献身是种荣耀，为美献身是种幸福。

只要你真诚地播种，希望就属于你，琴弦上有你魅力的乐章，苍天上有你明亮的星辰，暴风雨后有你绚丽的彩虹。

气球向往天空，就要破灭；人向往天空，可以书写诗行。

秋雨中淋湿的记忆，微风中飘逝的往事，如果使你无怨无悔，你就会摆脱忧郁，走向你的事业和未来。

理想对有的人是美丽的彩虹，对有的人是登天的阶梯。

绝望是种悲剧，它会使你万念俱灰；希望是种喜剧，它会使你朝气蓬勃走向未来。

胆大闯天下，胆小别出门。

轰轰烈烈的成功是一种壮举；默默无闻的奋斗也是一种壮举。前者是一种灿烂，后者是一种闪烁。

如果你是列车，就应呼啸向前；如果你是骏马，就应不停地飞奔。

拼搏能使沉睡的火焰燃烧；幻想能使天赋的火焰熄灭。

一个人不会因为贫穷而倒下，却会因为失去追求而倒下。

海浪因为歌唱才美丽，生命因为搏击才多彩。

水手，爱搏击惊天动地的浪涛；雄鹰，爱在天空展现自己的风采。

只有勇士才能领略大海的风采，只有水手才能博得大海的爱。

一颗诚实的种子，才能获得丰收的喜悦；一颗善良的心弦，才能取得事业的成功。

土地渴望耕耘和播种，理想渴望汗水和拼搏。

满足小溪的惬意，甘心自己的平庸；欣赏山峰的突兀，攀登卓绝的顶峰。

光荣的是战斗而不是享受，荣耀的是跋涉而不是勋章。

天高地广日明河长各为其所好，你奔我跑各为其所求。

人生应在大海中展现搏斗的风采，而不在港湾享受宁静的温馨。

有沉重包袱的人无法飞向蓝天，金钱缠身的人无法跨越海洋。

经历过苦难的人，才懂得幸福的含义；经历过拼搏的人，才领略胜利的凯歌。

希望，因为希望而荣耀；拼搏，因为拼搏而辉煌。

不做浮萍随波逐流，要做船只搏击风浪。

人不犯错误是神仙，事业一帆风顺是上帝。

信念，在心中升起；事业，在远方辉煌。

与黑暗搏斗的人，才会迎来黎明的曙光；与风浪搏斗的人，才能展示水手的风采；与生活搏斗的人，才能展示勇士的气概。

雄鹰用强健的双翼飞向蓝天，勇士用强健的身躯创造未来。

只要有理想，就不畏惧路途迂曲，只要有志气，就不怕路程遥远。

广阔的人懂得大海，勇敢的人懂得拼搏，常叽喳的麻雀，只能围绕屋檐歌唱；偶尔一鸣的雄鹰，却可在万里长空讴歌。

人不在大风大浪中前进，就在大风大浪中倒退。

理想对有的人是一场梦，对有的人是一场收获；对有的人是不幸的风风雨雨；对有的人是五彩缤纷的天空；对有的人是一个美丽的错误，对有的人却是一段精彩的回忆。

鹤不怕风霜，依然栖息高枝；人不怕苦难，屹然巍立人间。

狂风要摧毁大地，大地一样坚强；毁谤要毁灭人，人一样无动于衷。

人因为拥有而自豪，因为追求而富有。

世界上每个人都在追求同一个东西——快乐；世界上每个人都在追求不同的东西——理想；世界上每个人都在痛恨同一个东西——不幸。

如果你渴望财富，财富会毁灭你；如果你渴望理想，理想会造就你。

有的人喜欢征服，有的人喜欢被征服；前者是种野心，后者是种乐趣。

面对刀光剑影是种勇敢，单刀赴会是种勇敢，面对强暴不畏惧也是种勇敢。

奋斗的人会得到收获，幻想的人会失去岁月。

一个不经过痛苦的人，就体会不到什么是真正的幸福，一个不经过黑暗的人，就体会不到黎明的珍贵。

太阳因为燃烧而辉煌，生命因为奉献而荣耀。

太阳的辉煌是因为它爱人间，人的辉煌是因为他爱世界。

让世界充满阳光，让生命充满辉煌。

希望在天空，它会出现美丽的彩霞；希望在大地，它会开出美丽的鲜花；希望在人间，它会谱写人生的凯歌。

不要因为风暴，就怀疑蓝天的彩霞；不要因为不幸，就怀疑生活的美好。

人最宝贵的财富是希望，世界最宝贵的财富是未来。

在事业中埋葬是永生，在理想中殉职是复活。

追求迸发光芒，希望闪现光明。

征途上，也许你坠入希望的陷阱，也许你登上希望的高峰。

不问今天流了多少汗水，要问明天结了多少果实。

拼搏创造了美好的现在，也创造了美好的未来。

一双眼睛看世界，一个大脑想世界，一双脚走向世界。

敢于飞翔的人，才能接近蓝天；敢于拼搏的人，才能接近大海。

即使不能夺去理想的桂冠也要在人生的道路上留下拼搏的花环。

努力耕耘，为了大地的丰收；勇于开拓，创造美好的未来。

荒凉的沙漠中有黄金在闪烁，无边的苦海中有珍珠在闪耀。

白云飘过，有多少美丽的记忆，阳光闪耀，有多少幸福的期待。

有现在的人，就有未来。没有现在的人，就没有未来。

与历史说一声再见，与未来说一声我已走来。

登山的痛苦自有一番豪迈。登山的汗水自有一分收获。

风一般的暴烈，雷一般的猛烈，人生有时就是这样无情；风一样的幻想，雨一样的追求，人生有时就是这样温柔。

所有的梦想都开花，所有的种子都发芽，所有的江河归大海，所有的理想放光华。

理想，当你追求时，它是种动力；当你实现时，它是种财富。

希望在彩霞中追求，成功在蓝天中闪烁。

事业如江河奔腾，理想如明星闪耀。

也许你失落黎明的早晨，也许你失落夕阳的斑斓，也许你失落……无论如何不能失落对憧憬的追求。

因为追求而美好，因为实现而自豪。

高山有凌云志向，大海有广阔胸怀。

风雨兼程走向远方，寒风细雨不改初衷。

脚连大地千万里，心系九天彩云间。

入大海有降龙之勇，仰高山有飞天之志。

没有理想的生命是空虚的生命，没有理想的生活是平庸的生活。

理想是指路明灯，目标是还魂小草。

只要你热爱理想，理想就会为你燃烧；只要你追求未来，未来就会向你微笑。

风筝有一颗高飞的心，要追逐蓝天的云彩。

没有追求的人，不会幸福；追求太多的人，不会有结果。

登山有飞天之志，入海有降龙之勇。

希望因为难以实现而充满追求；希望因为遥远而充满久日期待。

因为希望而美好，因为理想而灿烂。

永恒，是春天的梦想；丰收，是大地的梦想；成功，是人的梦想。中国梦——强国，世界梦——团结。

现在赋予我们的是希望，历史赋予我们的是未来。

像大海一样有博大的胸怀，像高山一样展示未来。

人的苦恼不是你的拥有而是你的追求。

希望在土壤中生长，理想在耕耘中闪现。

聪明的人靠拼搏走向未来，愚昧的人靠幻想期待明天。

手牵手共建家园，心连心共创未来。

有什么样的人，就有什么样的理想；有什么样的理想，就有什么样的行动。

用正当的手段实现的理想，你在理想中遨游；用不正当的手段实现的理想，理想会化为灰尘。

你要得到天堂的彩翼就要有一副强有力的翅膀。

因为希望的存在而产生力量，因为希望的破灭而产生绝望。

行船不怕风暴，远征不怕浪涛。

春光中不忘耕耘，灯红酒绿中不忘前程。

一朵浪花能引起千万朵浪花的涌动，一个希望能引起千万个希望的闪烁。

幻想，能架起人生美好的彩虹；理想，能将这彩虹化作锦衣万件。

点点滴滴的努力能汇成成功的海洋，丝丝缕缕的奋斗能汇成绚丽的彩虹。

为了胜利，有时需要忍让；为了成功，有时需要妥协。

想成功的人，是用幻想来构造明天；要成功的人，是用汗水来书写搏斗的篇章；一定要成功的人，是用意志来构造金色的未来。想成功是一种幻想，要成功是一种拼搏，能成功是一种信心。

成功是在最后一次失败时到来。

有的人因失败而失败，有的人因失败而成功。

每一次失败，都向成功靠近了一步。

英勇的失败要比侥幸的成功壮丽得多。

成功是别人的财富，失败是自己的财富。

没有夕阳的绚丽，哪来旭日的彩霞；没有失败的泪水，哪来成功的喜悦。

人生最大的成功是永在努力，人生最大的失败是不再努力。

成功夺取了胜利的桂冠，失败谱写了拼搏的凯歌。

成功和成功的喜悦，让人陶醉；失败和失败后的苦恼，让人伤泣。

曾在风雨中摇摆，今在阳光下潇洒。

勇敢的人，绝望中看到了希望；失败中看到了成功。

我战胜了失败，而不是失败战胜了我。

失败能把明天的错误摧毁，替明天的成功开路。

失败里蕴藏着成功的希望，成功里包含着失败的泪水。

失败了有成功的华彩，成功了有失败的泪滴。

漫天乌云过后有美丽的彩霞，不幸失败后面有成功的曙光。

没有无情的风雨，就没有美丽的彩虹；没有残酷的失败，就没有喜悦的成功。

拥有现在的人，是自豪的人；拥有未来的人，是成功的人。

靠幸运获得的成功与靠努力获得的成功，结果是不一样的。前者如花很快败落，后者如树永远常青。

登天如不难，谁都能成仙；成功如不难，谁都会成功。

没有努力的失败，是毁灭性的失败；奋斗时的失败，是前进的失败。

彩虹总在风雨后出现，成功总在失败后到来。

乌云风暴不怀疑蓝天的彩霞，挫折失败不怀疑成功的到来。

有信心的人不一定能成功，但没有信心肯定不会成功。

希望的花朵在拼搏中开花，成功的花环在拼搏中献出。

你甘心失败就失败，你不甘心失败就不失败。

悲观的人，是不战而败的人；乐观的人，是败而不气馁的人。

没有风雨，哪来彩虹；没有冬天，哪来春天；没有失败，哪来成功。

失败的回答是努力，努力的回答是成功，成功的回答是谦虚。

人会因为欲望而伤痕累累，人会因为欲望而容光焕发。

没有美丽的梦，就没有幸福的花朵。

读书走万里路，求索攀万重山。

眼有五洲风云，胸有四海波澜。

人的欲望是无止境的，有了星星就想月亮。

人生不在于拥有，而在于追求。

从快乐到快乐是喜悦，从希望到希望是幸福。

现在的希望在你手中，将来的希望在你心中。

希望因为追求而闪现光芒，理想因为拼搏而闪现火花。

像小溪一样有一个绿色的向往，像大海一样有一个蓝色的梦。

锻造产生火花，奋斗才有光芒。

奋斗时光彩，追求时豪迈。

有一种希望让你期待，有一种热情让人燃烧，有一种信念让人鼓舞。这就是理想。

连接生命起点和终点的是理想，连接现在和未来的是事业。

你希望得到太阳，实际只能得到一缕阳光。

彩虹在蓝天闪烁，希望在远方飞翔。

人的希望好比大海中的水，只要有一点风，就会畅快地闪烁。

有多少梦想来自月亮，有多少梦想把人带向远方。

希望像星星一样闪烁不停，理想像银河那样永照人间。

在人生的旅途上，有的人得到了全部的阳光，有的人只得到了阳光的碎片。

崎岖的道路通向宽广的道路，黑暗的道路通向黎明的道路。

成功的人拥有辉煌，奋斗的人饱含泪水。

人往往崇拜成功的人，却忽视了奋斗的人。

人不在于拥有而在于追求，拥有的是种满足，追求的是种激情。

不要因为路旁的美景耽误了远方秀丽的山峰，不要贪图前方的享受忘却了前程。

心灵，像蓝天一样纯洁；信仰，像太阳一样赤诚。

鸿鹄高飞千里，燕雀低回屋檐。仰望高山有蓝天之志，入江河有大海胸怀。

蓝天等待你去遨游，海洋等待你去远航。

懒惰的人梦想海市蜃楼，勤劳的人亲手建筑高楼大厦。

现实的世界风风雨雨，未来的世界百花盛开。

人在现实的世界中生活，人在幻想的世界里驰骋。

不要为成功献出美酒，要为失败举起鼓励的酒杯。

要找勇士请到刀光剑影的战场，要找水手，请到波澜壮阔的海洋。

人既迈步就要像马儿豪气雄风直奔前方。

爱大海千军万马的神威，爱大海排山倒海的磅礴气概。

唐僧取经道道艰难，人生道路曲曲弯弯。

经历了无数万籁俱寂、明星荧荧的夜晚，就迎来了乐声载道、彩云飘空的明天。

失败走向成功，是一条遥远的道路；成功走向失败，仅隔一步之遥。

光明与黑夜的交战，迎来了黎明；胜利与失败的交战，迎来了成功。

在失败中叹息沉吟，胜利的曙光就再也不会将你照耀。

要走路，就要准备摔跤；要创业，就要准备失败。

一次痛苦的失败，往往会造就一次幸运的成功。

冒险的人死于危险之中，失败的人倒在成功的前夜。

一次喜悦的成功，需要千百次失败为它付出代价。

人们会为成功的人祝福，当他在默默奋斗时，你曾为他祝福过吗？

失败的人，人们不会惋惜他的不幸；成功的人，人们会嫉妒他的战果。

收获属于播种的人，理想属于追求的人。

胜利的人可以对失败的人做出裁决，失败的人只能对不幸做出往日的回忆。

胜利的人寻找辉煌的战果，失败的人寻找不幸的楚歌。

在某种情况下，不是失败毁灭了胜利，而是胜利毁灭了胜利。

胜利是击败对手，成功是战胜自己。

没有不幸的失败，就没有光荣的成功。

一时的成功不是成功，一时的失败不是失败，永久的成功便是成功，永久的失败便是失败。

人不容易被别人击败，往往容易被自己打败。那是因为在别人面前你是强大的，在自己面前你是弱小的。

智慧的灯熄灭还会燃烧；希望的灯熄灭就再也没有明亮的时候。

惨痛的失败毁灭你的成功，也会使你走向成功。

在失败面前，有的燃烧起更强烈的追求欲火，有的却熄灭已经燃起的火种。

人为成功付出的代价与成功后的享用，显得多么渺小。

为了幸福的成功，就不要怕光荣的失败。

失败时的鼓励，要比成功时的恭维宝贵得多。

胜利不陶醉，失败不消沉。

困难的时候，需要勇气，而不是沉思；

胜利的时候，需要沉思，而不是陶醉。

失败如漫漫黑夜，常困扰着一个追求光明的勇士。

胜利如同鲜花向你微笑，失败如同陷阱向你展开。

成功的天使降临之前，先给你灾难和毁灭，然后再给你鲜花、微笑。

失败考验你的意志，成功赞美你的决心。

无言的努力比剑拔弩张的拼搏更容易使人获得成功。

成功，因为在失败面前抗争；失败，因为在失望面前屈服。

一个没有错误的人，是最大的错误；一个没有缺点的人，是最大的缺点；一个没有失败的人，是最大的失败。

坚强的人，从失败中得到了信心；怯弱的人，从失败中得到了绝望。

一个人的悲剧，是经历过无数黑暗，即将被黎明的曙光照耀时，不幸地倒下。

因为美而走运，因为文雅而出色，因为拼搏而成功。

一个悲惨的失败，与一个喜悦的成功，具有同等的价值。

愚昧的人重复自己的失败，聪明的人重复自己的成功。

成功时举杯不如失败时洒下同情泪。

如果你永远失败，不是失败的罪过，而是你缺少对失败的思索。

不在创伤中呻吟，要在希望中腾飞。

灾难能毁灭人，人也能毁灭灾难，失败能毁灭人，人也能毁灭失败。

别人战胜你，是种失败，你战胜别人，是种成功。

黎明的曙光，会照耀从黑暗中出发的人，而不是照耀从黎明出发的人。

不要在航程中悄然降下信念的风帆，彼岸正微笑地等待你。

在你成功的道路上，希望的女神始终向你微笑。

成功时要记住失败，失败时要想到成功。

失败，不降下勇士的风帆；成功，不忘记拼搏的浪花。

永远失败的人，是个不幸的人；永远不失败的人，是个永远不成功的人。

失恋时，懂得爱情的珍贵；失败时，懂得成功的艰难。错误使人变得聪明，失败使人变得坚强。

失败中有希望的泪水，成功中有希望的颂歌。

人在胜利时，处处有鲜花盛开，人在失落时，处处有落叶相伴。

春风秋雨岁月寒，苦尽甜来百花开。

成功的时候，回忆失败的岁月；失败的时候，想到成功的喜悦。

黎明时会有很多树叶落下，胜利前会有很多人倒下。

人生有无数次悲惨的失败，只有一次辉煌的成功。

落日之后即黎明，失败之后即成功。

有的人在失败中看到了成功，有的人在成功中看到了失败。

有种失败是种胜利的失败，有种胜利是种失败的胜利。

成功的丽日和失败的风雨，始终伴随你。

有的人在成功中灿烂，有的人在失败中悲泣。

事业上的成功是最大的成功，事业上的失败是最大的失败。

一个失败的人，才知道什么叫成功；一个成功的人，才知道什么叫失败。

黑暗的时候，盼望阳光，失败的时候，盼望成功。

错误是失败的财富，成功是胜利的财富。

拼搏的人不会因为失败而停止拼搏，奋斗的人不会因为成功而停止奋斗。

失败不是错，它却为成功架起了一座彩色的桥。

宁可追求伟大的目标而失败，不可为追求渺小的目标而努力。

失败是个无穷数，成功是个未知数。

个人无数次不幸的失败和别人悲惨的错误，往往造就了自己的成功。

失败与成功之间有一段广阔的地带，连接这两点的是血与火的拼搏。

侥幸地成功是空中楼阁，脚踏实地地奋斗才能建造高楼大厦。

胜利时对欢乐要有节制，失败时对不幸要有信心。

当失败最后一次要毁灭你的时候，成功已默默微笑地站在你的屏幕之后。

通往鲜花的路上布满荆棘，通向成功的路上充满失败。

失败时，相信自我；成功时，克制自我。

一个失败的人，首先是精神的失败；一个成功的人，首先是精神的成功。

失败时的泪水比成功时的欢笑有着更大的诱惑力。

大海给你的礼物是彼岸，失败给你的礼物是胜利。

一个不为失败付出沉重代价的人，永远体会不到成功的曙光所带给你的欢乐。

失败的泪水不能毁灭一个人，成功的辉煌却能将一个人葬送。

失望因希望而存在，希望因失望而遥远。

人因希望而迈步，人因失望而停步。

在奋斗的道路上，有的人得到了失败的泪水，有的人得到了成功的花朵。

奋斗的失败比没有奋斗的成功要幸福得多。

天将黎明时，大地会更加黑暗，人将成功时，失败会更加凄惨。

你认为能成功，成功便微笑向着你走来，你认为会失败，失败会像乌云笼罩。

成功者，寻找自己的失误；失败者，寻找自己的战果。

失败是一种不幸的楚歌，它也许会把伤痛悲壮地携向未来。

人不是倒在黑暗中，而是倒在黑暗即将结束，黎明的曙光已露笑容的时候。

如果一颗沉沦的心似落进大海的石头，再也没有浮出水面的希望，那么，你就永远处在失败中。

如果你的心已冰凉，阳光也无法使你温暖。

失败与失败的重复，永远是失败。

光荣的失败要比侥幸的成功幸福得多。

失败会使人变得坚强，也会使人变得脆弱。

最大的失败是你甘心失败，最惨的失败是你不再努力。

一个失败的人，是一个不再努力的人，一个跌跤的人是一个不再爬起的人。

春天无法复苏枯萎的生命，人生无法复苏失败的不幸。

失败也是种悲壮，因为这是勇士前进的"楚歌"，失败也是种收获，因为它预示着未来的希望。强者在失败中崛起，弱者在失败中倒下。

人的失败是离成功还有最后一步而停止了脚步。

只有失败的人，没有失败的心。

一个失败的人，是他以后再也不会失败。

宁可要悲惨的失败，也不要虚荣的成功。

早晨随着太阳的升起而升起，晚上随着太阳的落下而落下，它永远不会成功。

有的人失败了，万念俱灰；有的人失败了继续努力。

向真理低头的是勇士，向失败低头的是懦夫。

等黎明前的曙光再一次照耀你的时候，你是活着还是倒下，这是成功与失败的关键。

失败了一千次，要做一千零一次的努力。

人在毁灭时，往往能产生一种惊天动地的力量。

你失败一百次不能倒下一次，你失败再多也不能有一次倒下。

怕危险，不航行；怕失败，不踏上征途。

失败，有人用泪水迎接，有人用微笑拥抱。

在失败面前有两种人，一种人停止了脚步，一种人昂起了头。

人的欲望像汹涌澎湃的浪涛那样充满激情，但他有限的力量却又被坚固的堤岸粉碎。

曾记否，风风雨雨几多磨难；今喜得阳光灿烂，鲜花盛开。

努力的人并不一定能成功，但成功的人一定是个努力的人。

羡慕别人的成功，你不会成功，羡慕别人的努力，你会成功。

重要的不在成功而在奋斗，可敬的不在辉煌而在拼搏。

追求成功是种诱惑，获得成功是种喜悦。

为成功的人举杯，更为默默奋斗的人举杯。

一个成功的人，不是永远不失败的人，而是一个永远不断努力永不改变目标的人。

黑夜在忍耐中迎来了光明，花朵在忍耐中迎来了蓓蕾开放，人在忍耐中迎来了成功的曙光。

你在失败中寻求成功，在成功中寻求喜悦。

荆棘中有花朵；跋涉中有成功。

奇迹不是命运的安排，而是奋斗的结果。

大海般的泪水换来了浪花般的微笑。

世界上有三种人是成功的人，一种是笑到最后的人，一种是忍到最后的人，一种是没有时间的人。

成功的前面是灿烂的花朵，成功的后面是无尽的泪水。

人的可贵不是美貌而是美德，人的可敬不是富有而是成功。

成功的人不是幸运的人，而是在失败中永不低头的人。

不经过曲曲弯弯的歧途，就不会欣然行走在坦途；不经过无数艰难的失败，就不会获得成功的喜悦。

披星戴月，日夜拼搏，在失败中永不低头，成功就会向你微笑。

只要你通宵达旦地日夜奋斗和霜晨雨夜地冥思苦想，成功就会慢慢向你走来。

你奋斗，世界就属于你，你放弃，世界就属于别人。

成功不会在你奋斗的道路上出现，而在你即将放弃而没有放弃的时候到来。

艰难像乌云一样铺天盖地而来，成功却像朵朵云彩姗姗而来。

你取得了最高成就，也经历了人世间最大不幸。

如果成功没有挑战的色彩，成功就不再辉煌，如果失败没有毁灭性的失败，失败就不会造就你的成功。

奋斗的后面有多少泪水，只有江河知道；成功的前面有多少鲜花，只有大地知道。

等待是一种漫长而痛苦的希望，希望是一种渺茫而诱人的追求。

人在无情的现实中烦恼，在遥远的梦想中苦痛。

理想的动力，会把你带入迷人的仙境和神奇的国土。

人与人之间有一次美丽的相遇，生活与生活之间有一道希望的曙光。

心中拥有太阳的人，眼中才拥有光明，心中拥有理想的人，前途才充满光明。

在希望的田野中生活，在梦想的生活中求索。

生活美好因为有理想，人生美好因为有未来。

勤于耕耘，获得丰收；勇于拼搏，创造未来。

黎明前的黑暗是失败，黎明前的曙光是成功。

人心之小，小于弹丸；人心之大，大于宇宙。

心有爱，就有美丽的阳光；心有向往，就有绚丽的彩虹。

在暴雨中搏击，在浪涛中探戈。

失败的泪水可能化为彩虹，也可能聚成乌云。

有的人在失败中崛起，有的人在失败中沉沦。

你失去了今天的太阳，也就失去了明天的群星。

弱者，在失败中被无情的世界毁灭；强者，在失败中毁灭了无情的世界。

人没有失败就是最大的失败。

理想因为追求而光彩夺目，生命因为拼搏而浪涛滚滚，生活因为向往而绚丽多姿。

不使黎明前的星辰消失在无望的天空。

希望只有倒下方可泯灭，生命只有燃尽才可停止脚步。

不在昨日的痛苦中呻吟，要在明日的幸福中描绘蓝天。

用微笑迎接明天，用希望走向未来。

梦想，建造了现实的楼阁，现实的楼阁，又在梦想上飘游。

一次大胆的尝试会得到意想不到的收获；一个灿烂的微笑，会开出无数美丽的花朵。

希望在彩霞中闪烁，成功在蓝天中凝聚。

拥有现在的人，是自豪的人；拥有未来的人，是成功的人。

也许你失落黎明的早晨，也许你失落夕阳的斑斓，但你任何时候也不能失落对憧憬的追求。

没有无情的风雨，就没有美丽的彩虹；没有残酷的失败，就没有喜悦的成功。

星星在深邃的天空无言地闪烁，生命在历史的长河中静静地流淌，眼里有渴望，心里有向往。

努力耕耘有收获，敢于开拓有未来。

努力的人不一定能成功；成功的人一定是努力的人。

因为经历了痛苦，才知道幸福；因为经历了风雨，才知道阳光的可贵。

失败并不可怕，可怕的是放弃；成功并不可喜，可喜的是你永不停步。

雄鹰会在蓝天留下自己的歌声，浪花会在大海留下喜悦的自己。

成功的失败要比失败的成功壮烈得多。

比平地高的是山峰，比山峰高的是蓝天，比蓝天高的是宇宙。

为了明天，你将失去今天；为了未来，你将失去现在。

人生的成功，是你拥有财富的时候，还创造财富；是你拥有幸福的时候，还创造幸福。

山没有希望就消失在无垠的大地，人没有希望就消失在无声的海洋。

在时间的沙滩上留下你的足迹，在岁月的长河中留下你的记忆。

不是失败毁灭了人，而是失败的思想毁灭了人。

成功的人，是在别人安睡的时候，自己点燃奋斗的火种，并且使它永远燃烧下去。

如果你被别人打败，还有希望站立起来；你被自己打败，就永远站不起来。

如果你的眼前没有云朵，远方没有星辰，你的人生就十分悲哀。

两朵黑云之间有一次美丽的闪电，重重的灾难之间有一道希望的曙光。

梦想达到的地方是人间，梦想达不到的地方是仙境。

奋斗者如灿烂的星辰数以万计，成功者如黎明的星辰依稀可见。

看不见希望的人是最大的不幸。

不追求辉煌的世界，只追求奉献在人间。

路再长，没有脚长；山再高，没有人高。

人生不在于拥有，而在于追求；拥有的已在身边，追求的却在天涯。

别人的成功是种启示而不是财富，你的财富是别人失败的教训。

走别人没走过的路，干别人没干过的事，创造别人没有创造过的奇迹。

希望也许像沙粒消失在无声的大海，也许像星辰在天庭闪着明亮的光。

用破冰船打开前进的道路，用坦克摧毁前进的城堡。

人活在希望中，在希望中生活，在希望中寻求，在希望中拼搏。

不是雄鹰别飞翔，不是蛟龙别过江。

人在现实的世界中生活，却在幻想的世界中遨游。

爱在蓝天有白云，情在大海有珍珠。

种子期待发芽的笑脸，草木等待春风的吹拂。

品德修养篇

江河消失在大海，大海因此而永恒；云朵消失在蓝天，蓝天因此而美丽。

星星把光芒留给人间，花朵把微笑留给大地。

辉煌的太阳没有人心辉煌，多彩的世界没有人心多彩。

天无私为广，地无私为大，人无私为贵。

花朵开放的时候，才是美好的；人在奉献的时候，才是高尚的。

财富不是道德，道德却是种财富。

多一分奉献多一分温暖，多一分施舍多一分情谊。

贫穷的生活可以改变，贫穷的灵魂无法改变。

太阳把美丽的色彩献给了大地，人类把美丽的色彩献给了人间。

追求财产的人不会嫌钱多，追求奉献的人不会嫌奉献多。

荷花不染，日月高洁。

生命为祖国而燃烧，人生为人类而贡献。

天女下凡是为了减轻人类的苦难，人的出现是为了向社会奉献自己。

活得高尚不求赞美，活得潇洒不求回报。

也许你活得不辉煌，但你活得很灿烂；也许你活得很平凡，但你活得很潇洒。

只要你心中有海洋的浩荡和大地的无垠，世界对于你就永远充满阳光。

给予永远是愉快的，乞求永远是悲哀的。

心灵的宫殿是否辉煌，完全取决于你为谁活着。

心灵拥有的东西比实际拥有的东西要美丽得多。

花中有你的芳菲，江河有你的歌声，月亮有你的高洁，太阳有你的照耀。

人们不赞美无钱的贫穷而赞美有钱的俭朴。

一个人可以很快成为暴发户，却不能很快成为一个高尚的人。

有的人缺少很多东西，是因为他把自己的东西给了别人；有的人缺少很多东西，是因为他追求很多东西。

小草知道装饰大地，星星知道点缀天空。

太阳白天给予大地光芒，夜晚给予月亮光辉，它有着一颗全力奉献的心。

像太阳一样有一颗火红的心，像月亮一样有一颗洁白的灵魂。

为朝霞增添光彩，为落日增添威严。

星星虽小却时时发光，小草虽弱却时时发青。

不忘人对我好，忘却我对人好。

你给社会创造了价值也因而得到了自我价值，你给自己创造了价值而不为社会创造价值，因此失去了自我价值。

一朵花荟萃了另一朵花的美丽，一个好的品质荟萃了另一个品质的高尚。

人在奉献中获得了自我价值和世界价值。

心中没有阳光的人，无法给别人阳光；心中没有温暖的人，无法给别人温暖；心中没有快乐的人，无法给别人快乐。

一支小小的蜡烛也会为这个美丽的世界献出自己跳动的心。

我做了我应该做的事，不要问我是谁？我是园中的一朵花，我是海中的一滴水。

星与星互相照耀，人与人共同闪光。

你想永远地活着，你就应该永远为别人。

你对别人好，别人也会对你好；你帮助别人，别人也会帮助你。

天上的云彩献给你，大地上的鲜花献给你，大海里蓝色的梦献给你，心中的歌献给你。

宁可叫别人忘掉我的存在，而不叫别人问我为什么存在。

人的最高境界是忘我，人的最低境界是为我。

闪烁着星星的苍穹为什么永远那样美，因为它有一颗不变的爱心。

黄金给你带来快乐，奉献给你带来灿烂。

一时的灿烂是你的容颜，永远的灿烂是你经久不衰的心灵。

如果像闪烁着星星的苍穹那样美丽而高远，你便与它们一样永生。

金钱和财富并不能使人有美德，而美德却可使人获得金钱和财富。

阳光因为奉献自己而得到自己，生命因为奉献生命而得到生命。

没有一个人不痛恨自私，但往往痛恨的是别人自私而不是自己的自私。

山河不会忘记你留下的脚印，大地不会忘记你耕耘的汗水。

不管你需不需要，玫瑰都发出醉人的芬芳；不管你需不需要，太阳都一样闪现光芒。

天的美丽在彩虹，地的美丽在花朵，人的美丽在心灵。

为别人献出自己的爱心，为国家献出自己的生命。

人不会因为献出而贫穷，也不会因为吝啬而富有。

星星与月亮在一起，两颗明亮的心，变成一颗洁白的心。

罪恶在诅咒中毁灭，美德在赞扬声中发光。

人生不在拥有而在追求，人生不在辉煌而在奉献。

太阳给花朵披上了彩霞，让花朵接受人们的礼赞。

享受财富而不创造财富，财富很快就会流失；享受幸福而不创造幸福，幸福很快就会失去。

生命活得最长的人，是人们永远怀念的人。

拥有了，你会感到负担；给予了，你会觉得愉快。

思想比金钱宝贵，是因为思想占据了重要的位置；金钱比思想宝贵，是因为金钱占据了重要位置。

顺境中的美德可以闪现人格的火花，逆境中的美德可以闪现意志的力量。

火在燃烧的时候，才闪现生命的光华；人在奉献的时候，才闪现生命的价值。

星星因为奉献，天空才有银色的光芒；浪花因为奉献，大海才有愉快的歌声；阳光因为奉献，大地才有鲜艳的花朵；人因为奉献，才有美好的人间。

灵魂的美虽然看不见，但它每时每刻都在闪现光芒。

天无私日月长存，地无私五谷丰登。

创造幸福而不享受幸福，是种奉献；创造财富而不享受财富，是种牺牲。

天无私，日月长照；地无私，万物生长；人无私，国泰民安。

一个美丽的灵魂可以使一个不美丽的灵魂变得美丽。

帮助需要你帮助的人，是一种善良；做你应该做的事，是一种美德。

蜡烛为了把光明献给别人而耗尽了自己，檀香为了别人振奋而牺牲自己，人难道不应该为了别人而贡献自己。

太阳因为爱宇宙而永远燃烧，大地因为爱人间而永远富有。

帮助别人，你会在帮助中提高，献身别人，你会在献身中永恒。

天上有一颗明亮的星星，地上有一颗纯洁的灵魂；天上有千万颗明亮的星星，地上有千万颗纯洁的灵魂。

智慧使人富有，道德使人高尚。

如果用自己的痛苦，为别人建造幸福，那么你是个幸福的人；如果用自己的幸福，为别人建造痛苦，那么你是个不幸的人。

美貌使人艳丽，但如花一样很快凋零；财富使人富有，但很快如尘消失；品德使人高尚，只有它永远闪烁在银河，永远照亮天上人间。

白云奉献给蓝天，阳光奉献给大地，生命奉献给人间。

太阳因为奉献才有美丽的彩虹，人生因为奉献才有美丽的花朵。

渴望光明的人，不是他缺少光明，而是要把得到的光明赠予人间。

蜡烛用泪水，献出燃烧的生命；火炬用光明，指引前仆后继的人们。

火，因为燃烧才有生命的光彩，因为奉献才有生命的光华。

闪光的是金子，比金子更闪光的是人的思想。

一个不为社会创造财富的人，他没有权利享受财富；一个不为别人创造幸福的人，他没有权利享受幸福；一个不为社会奉献的人，他没有权利接受别人的奉献。

雪，飘落在山谷，无人欣赏，它一样高洁。

世界最温暖的是阳光，生活中最明亮的是镜子，人间最美好的是品德。

财富的富翁很快烟消云散，精神的富翁如日月一样永远当空。

一簇波浪能引起另一簇波浪的涌动，一个高尚的品德能点燃另一个高尚品德的光芒。

心灵是渺小的，它却拥有蓝天的云彩，大海的浪涛。

花敞开心扉是最美的时候，人敞开心扉是最高尚的时候。

用自己的不幸为别人解除苦痛，用自己的幸福为别人增添幸福。

赞美花，花更美；赞美人，人更高尚。

有丰富的物质世界，没有丰富的精神世界，他的精神世界是空虚的；有丰富的精神世界，没有丰富的物质世界，他的物质世界是贫穷的。

大地的幸福，拥有明媚的阳光；人类的幸福，拥有崇高的灵魂。

花组成花园，浪花组成海洋，好的思想组成一个时代的潮流。

太阳的光芒，不会因为乌云的笼罩而影响它的绚丽，一个人的高尚思想，不会因为别人的诅咒而受到毁灭。

世界上最美丽的感情是用自己生命的火花，点燃别人绝望的火种。

世界上最宝贵的不是财产而是信誉，人间最可贵的不是金银而是心灵。

每一朵洁白的浪花组成浩瀚的海洋，每一个高尚的灵魂组成一个幸福的世界。

太阳的理想，奉献所有的光辉；人的理想，奉献所有的光华。

爱自己，是自我欣赏；爱别人，是精神升华。

浪花的奉献，是因为有了大海的沉默；人的奉献，是因为有了精神的储备。

火凭热情燃烧，人凭精神闪烁。

生活是无情的，不在生活中燃烧，就在生活中毁灭。

一个心灵没有火的人，又怎么要求别人燃烧呢？一个心灵不高尚的人，怎么要求别人奉献爱心呢？

财富是可贵的，但他没有人品可贵；黄金是灿烂的，但他没有人品辉煌。

如果你的心灵已经冻僵，再温暖的春风也无法走进你的心房；如果你的心灵不美好，怎么要求别人有高尚的情操。

播种的人，不是为了自己享有丰收的喜悦，而是为了将丰收的喜悦献给人间。

点燃火种的人，不是为了自己拥有光明，而是为了将光明传播给别人。

大地因为慈祥而永远富有，大海因为浩渺而永远奔流，人因为奉献而永远崇高。

善良的人，生活会为你祝福；幸福的人，阳光会为你祝福。

天不与地争辉，地不与江河争娇。

一个人，只要他的生命为别人而燃烧，他的火焰就永远不会熄灭。

人间有微笑，花朵才开放；大地有真情，太阳才升起。

蜡烛微弱的燃烧和太阳的光芒，具有同样意义。

为别人营造幸福的大厦，自己却在寒风中战颤。

财富随时随地都有自己的主人，人格却永远只有一个主人。

我像你一样美好，你像我一样高尚。

好的品德能唤起人们的良知，好的思想能激起生命的火花。

忠心大地作证，为人明月可表。

白云无私是蓝天，人生无私是神仙。

心像蓝天宽广，情像大海温柔。

小草为大地活着，生命才年轻；花朵为人活着，生命才美丽。

一粒种子会使另一粒种子发芽，一个星火会点燃另一个星火，一种精神会激发一个社会高尚的风暴。

天下人先富我后富，天下人未穷我先穷。

天地长寿因为无私，日月同辉因为奉献。

你做一点好事，你的感情世界就升华一步；你做的好事越多，你的感情世界就越富有、越多彩。

自己心灵有火，别人也会被点燃；自己的心灵无火，别人也不会被燃烧。

生命在燃烧中见光华，行为在奉献中见精神。

月如玉，千年发亮；人如玉，万年高洁。

世界上有一种美是无法用语言表达的，那就是曙光的升起；世界上有一种宽厚是无法用语言表达的，那就是深情的大地；世界上有一种境界是无法用语言表达的，那就是人的心灵。

生命因为太阳而辉煌，品德因为月亮而洁白，精神因为江河而流长。

为自己建造幸福的大厦，这大厦里没有春的温暖；为别人建造幸福的大厦，这大厦里有秋的金谷辉煌。

在光明与黑暗面前，将光明赠予别人，黑暗留给自己；

在幸福和痛苦面前，将幸福赠予别人，痛苦留给自己。

一个高尚的思想永远高尚，一个洁白的心灵永远洁白。

黑夜让黎明接受人间的礼赞，尘土让鲜花接受人间的颂词，大海让浪花接受人间的祝福。

树贵于绿荫，人贵于精神。

太阳因为照耀才有火红的生命，人因为奉献才闪现生命的光华。

星星不耗尽所有的光和热，是不会离开那闪光的天庭。

没有一种生命，有太阳壮观；没有一种思想，有奉献高尚。

一个人为自己播下幸福的种子，也为别人播下幸福的种子，为自己播下幸福的种子，只能在自己土地里开花，为别人播下幸福的种子，却能在大地长年开花。

人因为燃烧而荣耀，生命不在燃烧中永生，就在燃烧中毁灭；事业不在燃烧中成功，就在燃烧中失败。

只要你奉献，一个微小的心灵，也会闪现高尚的火花。

天无私，日月长照；地无私，五谷丰登；人无私，天下兴。

花微弱，却给人间满园芳菲；水低下，却拥有自己广阔的世界；星微小，却装饰着银河。

人生的富有，一是财产，二是精神，财产使人得到满足，精神使人变得富有。

人活着，要为活着的人和为了活着的人创造幸福。

一个灵魂当它点燃另一个灵魂的时候，他的生命才会升华。

金钱的富有，使你享尽人间荣华；精神的富有，使你享尽人间的欢乐。

太阳当它照耀时，才有辉煌的生命；火焰当它燃烧时，才闪现生命的光华；人当他奉献时，才有生命的价值。

高尚的人忍受黑暗，将光明赠予别人，为别人的幸福牺牲自己的幸福；低卑的人享有光明，将黑暗赠予别人，为自己的幸福牺牲别人的幸福。

大海因为给予而富有，人因为奉献而高尚。

像日月一样永照人间，像大地一样献出自己的宝藏，像江河一样献出自己流淌的生命。

人的最高精神世界，为自己创造一个幸福世界的同时，也为别人塑造一个幸福的世界。

自私的人，恨别人的自私，也恨别人无私；高尚的人，恨别人的自私，也爱别人的无私。

给别人阳光的人，自己首先要有阳光；给别人温暖的人，自己首先要有温暖；给别人幸福的人，自己首先要有幸福。

火，只有燃烧，才有灼热的生命；人，只有奉献，才有生命的光华。

精神像岛屿既会被湮没也会被托起。

追求物质生活的人，永远在痛苦世界奔波；追求精神生活的人，永远在理想的道路上奋发。

星星的发光是为了使月亮发出更多的光。

人的优秀品质可以在任何人身上闪现光芒，关键是你愿不愿意做那个闪光点。

阳光下有一个灿烂的世界，明月下有一个洁白的灵魂。

私被私葬送，公被公颂扬。

高尚的心灵会得到高尚心灵的共鸣，美丽的心灵会得到美丽心灵的赞美。

浪花欢腾大海有歌声，人有喜悦世间歌舞多。

火焰燃烧时是壮丽的，因为它充满奉献的欲望；江河流淌时是欢乐的，因为它要把爱献给蓝色的海。

物质财富，可能带来比这份财富本身更大的灾祸；精神财富，可能带来比这份财富本身更大的安乐。

既然是付出，就不要考虑索取；既然是奉献，就不要考虑回报。

火花与火花相撞，便有了生命的升华；好人与好人相遇，便有了相见恨晚的感觉。

奉献是美德，因为蓝天奉献，才有雨露；因为江河奉献，才有大海；因为大地奉献，才有丰收；因为人奉献，才有时代。

火的燃烧不单纯为了自己发光，而是为了引来更多追求光明的欲望。

钢在燃烧中由碳钢变成高级钢，人在燃烧中由星星变成月亮。

为人体现价值，为己体现追求。

烛亮四方，人亮八方。

灯红酒绿相映，悠悠度日；清风明月相伴，廉洁一生。

物质是人生存的土地，精神是人向往的蓝天。

火燃烧才有意义，生命奉献才有价值。

把幸福赠给别人的人，不是他的幸福太多，而是他为别人想得太多。

人的最高精神世界是为了别人的生存放弃自己的生存，为了别人的利益放弃自己的利益，为了别人的幸福放弃自己的幸福。

如果你赞美花，花更艳丽；如果你赞美人，人更高尚。

一个美丽的外表，不如一个美丽的灵魂，一个美丽的灵魂，不如一个崇高的精神世界。

眼睛可以看到远方，精神可以飞向未来。

做水滴吧，为大海献出自己的爱；做星星吧，为月亮献出自己的年华；做小草吧，为大地献出自己的芳心。

大海不会因为贡献而贫穷，星辰不会因为闪烁而消影。

人的生命属于自己的部分是拼搏，不属于自己的部分是奉献。

去为自己建造天堂，不如为别人构造幸福。

火柴渴望燃烧，生命渴望闪烁。

像太阳一样拥有辉煌，像月亮一样洁白明亮。

火柴，一个微小的生命，也要博得一次闪光的燃烧。

生命在奉献的时候才有意义，火焰在燃烧的时候才有光彩。

贪婪的人懂得金钱，无私的人懂得奉献。

在奉献中你会懂得人生，在播种中你会懂得收获。

一个人不为世界创造价值，他有什么权力要求别人为自己创造价值。

碌碌无为的长寿，不如闪光一耀的献身。

太阳照人间，只求辉煌，不求回报；人奉献社会，只求贡献，不求索取。

勇士爱在大海中搏击风浪，英雄爱在战场上挥舞刀枪。

雷霆万钧中必有闪电，刀光剑影中必有豪杰。

如蜜蜂奉献，如春蚕吐丝，如蜡烛燃尽，如阳光爱大地，如春风暖人间。

人生最好的美德是饶恕，人生最高尚的情操是忘我。

人格是人的灵魂，失去人格就失去灵魂。

只要你心中有一片美丽的蓝天，即使乌云笼罩，也不会失去那高飞的心。

人必需的品德是善良，人所需的品德是真诚。

高尚的人会用不同的方式表达自己的高尚，自私的人会用不同的方式表达自己的自私。

高尚的情操必然有高尚的品质，高尚的品质必然有高尚的理想。

不该有的享受去享受是种罪恶；不该得到的得到是种耻辱，不该追求的追求是种贪婪。

像蜡烛一样贡献自己，像火炬一样照亮别人。

夜的高贵是消失了自己，捧出了黎明的曙光。

没有人，不需要帮助；没有人，不给别人帮助。前者，反映了一种风尚；后者，反映了一种精神。

金钱地位是山顶闪烁不定的光芒，人的品质是银河永远闪烁的光芒。

心灵是渺小的，它却拥有蓝天的云彩，大海的浪涛，世纪的风云。

物质的富有，使人享受；精神的富有，使人自豪。

用自己的生命换来别人的生命，用自己的阳光换来别人的阳光，用自己的温暖换来别人的温暖。

心怀天下，处处是春光；心怀未来，处处是彩霞。

人心善良保平安，人心险恶多灾难。

不求别人评价，但求自己无过。

金钱世界的富翁是可喜的，但它很快消失；精神世界的富翁是可敬的，它永远活在人心中。

一个自私的人，首先反对的是别人的自私，而不是自己的自私。

为自己发光的人，就再没有力量为别人发光。

如果你的高尚原则屈从低下的灵魂，你存在的生命已经毁灭在这个无情的世界。

赠人玫瑰手留清香，助人为乐留下美名。

阳光灿烂，人间温暖；思想灿烂，行为高尚。

我为人人，献出爱心；人人为我，回报真情。

太阳的花，照亮世界；心灵的光，照亮人间。

花给人美丽，人给世界美好。

凡人心中有自己，没有别人；伟人心中有别人，没有自己。

花朵因为美好而开放，人生因为高尚而奉献。

光芒的太阳照人间，圣洁的月亮照大地。

正气，可为日月增辉；清风，可为人间送香。

少说漂亮话，多做漂亮事。

拼搏，生命有火花；奉献，人间有真情。

人有我，你是宇宙一尘埃；人无我，你是宇宙万重山。

光明给别人，你会有更多的光明；财富给别人，你会有更多的财富。

蓝天因为白云的奉献而变得美好，长夜因为星空的奉献而变得明亮。

太阳使地球美丽，人使世界美丽。

不能像日月辉煌，也要像日月奉献。

一个不为别人想的人，是个自私的人；一个不为别人活着的人，是个不幸的人。

像树一样，把绿色献给大地；像花一样，把芳香留给人间。

天上有星亿万，地上有玫瑰万千，人间有好人无数。

一片落叶，有春天的气息；一滴水，有大海的情思；一朵花，有人间的爱。

花朵因为绽放才有青春色彩，人生因为奉献才光照人间。

无声的音乐是最好的音乐，无声的美德是最高尚的美德。

白云借太阳的光辉展现自己美丽的裙裾，绿叶借花的芳香展现自己青春的靓丽。

不求辉煌，但求照耀；不求富有，但求廉洁。

亿万星星组成灿烂的银河，朵朵浪花组成洁白的大海，美德组成高尚的人群。

阳光把自己的色彩给了花朵，花朵把自己的色彩给了人间。

因为有了花，大地才美丽；因为有了自己，生活才美好。

美丽的思想开出灿烂的花朵，美好的人群组成了时代的步伐。

天无私，日月运行；地无私，万物生长；人无私，国泰民安。

一滴水，有大海的深情；一缕阳光，有蓝天的爱意。

如果我是火焰，就要在众人中燃烧；如果我是雨点，就要在大地飘落。

人无欲心胸广，海无欲坦荡。

蓝天把自己的爱献给了彩虹，彩虹把自己的爱献给了人间。

兰花开放在峡谷，无人欣赏一样芳香；宝石埋在尘埃，无人发现一样晶莹；人做好事，无人知晓一样高尚。

花美在色彩，人美在心灵。

人不在于你拥有什么，而在于你是什么。

良心要有良心的回报，道德要有道德的馈赠。

伤害别人，你自己也会被伤害；给别人造成不幸，你自己也会不幸；给别人制造灾难，你自己也会毁于灾难。

天下人已乐我未乐，天下人未悲我先悲。

人有私心也有公心，当这两种心交战的时候，谁胜谁负将决定你的前途和命运。

不求世界给我什么，只求我给世界什么。

大风大浪可见英雄本色，狂风暴雨足见松柏坚定。

如果你是水，就要滋润大地；如果你是光，就要照耀人间。

像星星一样闪烁着光辉的生命，像月亮一样献出洁白的心。

不回报自己的相助，回报别人的相助。

人生的价值不在于你获得多少财富，而在于你贡献多少精神。

因为追求而美好，因为奉献而高尚。

如果你的心灵像浪花一样洁白，在蔚蓝色的大海就拥有了天使般圣洁。

百年生命，美德传千年。

点缀天空的是星星，照亮人生的是奉献。

太阳奉献，所以辉煌；人生奉献，所以美好。

彩虹的每一次出现都是美好的，人的每一次奉献都是高尚的。

一生正气做人，两袖清风照人。

财产使人富有，品德使人高尚。

人有我，就是人；人忘我，就是神。

积德无须人知，行善无须人晓。

比月亮更明亮的是太阳，比太阳更明亮的是人心。

一个人的最大不幸是为自己，一个人的最大幸福是为别人；一个社会的最大不幸是人人为自己，一个社会最大的幸福是人人为别人。

为了大我，忘记小我，为了社会，忘却自我。

火照亮人，不能照亮人心；人照人，能照亮人心。

最美的不是宝石的本身，而是宝石闪现的光芒；最美的不是人的行动，而是行动闪现的精神。

人无私心成天使，天使无私心成上帝。

给别人幸福的人，自己享有双倍的幸福；给别人灾难的人，自己得到多倍的灾难。

一颗心连着千万颗心，一个灵魂连着千万个灵魂。

没有知识的世界是黑暗的世界，没有道德的世界是罪恶的世界。

善为善所称赞，恶为恶所毁灭。

人因机会而幸运，因道德而生辉。

自己崇高才能使别人崇高，自己高尚才能使别人高尚。

只要你心中有一片美丽蓝天，世界就永远美丽。

爱自己是自信，爱别人是美德。

人活着就是要使有限的生命发出无限的光。

一日做好事，人称赞；终身做好事，成壮举。

施物于人是种慷慨，施德于人是种精神。

爱情，失去它时才知道它的可贵；品德，失去它时才知道它的高尚。

峡谷芝兰无人知晓，一样芳香；大千世界无人知晓，一样高尚。

大海给予的越多越富有，人奉献的越多越高尚。

花朵消失在泥土之中，它的芳香依旧散落在大地。

太阳要发光，因为它要燃烧；人要发光，因为它要奉献。

美的东西不需要赞美，人们自然热爱它；高尚的东西不需要颂扬，人们自然崇拜它。

高尚的思想产生高尚的行动，美丽的灵魂闪现纯洁的火花。

玉美在内，人美在心。

心灵是大海底层的浪花，看不见，摸不着，它同样可以掀起大海万顷波澜。

太阳使世界美丽，心灵使世界美好。

别人在我心中，我在别人心中。

献出的人不求索取，索取的人不求献出。

将有限的自我献给无限的社会。

真正忘记自我的人，才真正拥有自我。

太阳崇拜者喜爱光明，月亮崇拜者喜爱高洁。

太阳为人放出光芒，人为世界放出光芒。

有太阳的地方就有光明，有人群的地方就有温暖。

付出时，你会感到愉快；给予时，你会感到欢乐。

慷慨是一种无私的施舍，回报是对慷慨的一种亵渎。

像大地一样承受万物，像江河一样凝聚溪流。

阴霾的人会给别人阴霾，阳光的人会给别人阳光。

一个人的爱，是大海中一滴水；千万个人的爱，是整个大海。

种子因为要发芽，所以它有一股向上的力量；品德因为要传承，所以它有一股感染的力量。

千万朵白色的浪花组成银色的大海，千万个高尚的行动组成滚滚的波澜。

用真诚的仁爱之心化解千年的仇恨，用友谊的阳光融化千年冰封的雪山，人间不是缺少爱，而是缺少理解和信任。

身正影响亿万人，无私动地动天动山河。

你使别人痛苦，你会更痛苦；你使别人幸福，你会更幸福。

如花似玉春常在，一片丹心留人间。

把你的心献给人间，把你的爱留给人间。

爱的浪花组成爱的海洋，爱的星星组成夜的银河。

风很平凡，没有风就没有彩色的云朵；水很平凡，没有水就没有生命的涌动；雪很平凡，没有雪就没有丰收的年景。

金

钱

篇

金鈴篇

推土机无法推倒的东西，金钱可以推倒。建筑工人无法建筑的东西，金钱可以建筑。

钱有时是幸福的火种，有时是罪恶的根源。

卑下的人拥有金钱，金钱是罪恶的火种；高尚的人拥有金钱，金钱是幸福的花朵。

金钱是可怕的东西，也是可爱的东西。当你需要时，是个好东西；你追求它时，就是个坏东西。

必要的钱会给你带来愉快，过多的钱会给你带来享受，无止境的钱会给你带来贪婪。

黄金能使你的生活闪现光芒，却不能使你的生命闪现光芒。

高贵的贫穷比富有的低卑要高尚得多。

一个贫穷高尚的灵魂比一个没有道德的富翁要高尚得多。

不光彩的是没有人格的钱，光彩的是有钱的人格。

富不以为富自豪，贫不以为贫低垂。

好人有了钱，会做好事；坏人有了钱，会做坏事。

贫穷的人，如果你的品格高尚，你就是精神上的富翁，富有的人，如果你的品格低下，你就是精神上的乞丐。

谁也无法写尽金钱下的光芒，谁也无法写尽金钱下的罪恶。

金钱能使你痛苦减半，也能使你幸福减半。前者因为帮助了你，后者因为影响了你。

金钱会使人幸福得陶醉，也会使人不幸得堕落。

金钱有情时会像太阳温暖，金钱无情时会像暴雨无情。

做一个没有金钱的富翁，做一个没有财富的富豪。

没有自尊的金钱是肮脏的，失去人格的财富是卑鄙的。

财富的所有者并不一定是财富的享用者，财富的享用者，却是财富的所有者。

道德因人而存在，金钱因人而改变。

不要因为金钱而出卖了金钱买不到的东西。

拥有财富而不断追求财富，你的财富再多等于没有财富。满足已有财富而不再追求财富，等于你拥有很多财富。

金钱只能建造欲望的宝塔，而无法建造幸福的宫殿。

追求金钱天使也会堕落，追求财富天使也会迷茫。

黄金，高贵的人占有它，不但能照亮自己，还能照亮别；低卑的人占有它，不但能毁灭自己，还能毁灭别人。

黄金能够购买灵魂，灵魂却无法购买黄金。财富能造就高尚的品质，也能毁灭高尚的品质。

可怜的是没有钱，更可怜的是为了钱，值得尊敬的是献出钱。

金钱的欲望潮水般的淹没生命的时候，你的生命就危在旦夕。

无私无畏，无欲则刚。

欲望能使你走向幸福的明天，也能使你在明天毁灭。

得到黄金的人更渴望黄金，得到财富的人更渴望财富。

高贵的人拥有金钱，金子才会闪现它的光芒。低卑的人占有金钱，金钱失去光泽。

没有钱的人比没有人格的钱要高尚得多。

如果金钱能打动你的心，就能征服你的心，你就是金钱的奴隶；如果金钱能腐蚀你的灵魂，你就会不幸。

如果金钱很轻，你就会在金钱里显得很重。

追求财富，你在一个可爱的世界追求一个可怕的世界。

你困难时金钱向你伸出手，金钱就是你的朋友；你富有时，金钱向你微笑，金钱就是陷阱。

太阳，没有一个人可以颂尽它的光辉；珠宝，没有一个人可以写尽它的罪恶。

人如果不是金钱的主人，金钱就是人的主人。

贫穷人体内所发出的美丽光芒，是富人闪光的金钱所不能相比的。

穷人的穷，是因为没有钱；富人的富，是因为钱太多。

如果你贪婪，地位就变成野心，金钱就变成罪恶。

贪婪者希望得到一切，但一切又不属于他。

贪婪的人不会富有，富有的人不会贪婪。

贪婪的人得到一滴水，就想得到整个大海。

贪婪的人追求财富，理想的人追求事业。

在金钱面前，会有一个坚不可摧的灵魂，也会有一个不堪一击的脆弱灵魂。

在邪恶面前，金钱是万能的；在正义面前，金钱是无能的。

在珠宝面前，有闪光的高尚灵魂，也有低下的罪恶灵魂。

有钱的人，关心自己；无钱的人，关心他人。

赚钱的快乐是劳动的汗水获得了收获，花钱的快乐是劳动的收获又转赠给别人。

贫穷的人和富裕的人，都有可能为金钱犯罪，贫穷的人是为生活犯罪，富裕的人是为贪婪犯罪。

金钱能帮助善良的人，毁灭罪恶的人。

金钱闪着迷人的光芒，因为你高尚；金钱隐藏着罪恶的火种，因为你低下。

拥有金钱的人，不是真正的富有者，真正的富有者是没有金钱却不向往金钱。

在财富面前有三种人：一种节俭，他聚积的财富逐渐增加；一种浪费，他聚积的财富越来越少；一种保持，既不增加也不减少。

人失去自己不该失去的东西，不会因此而贫穷；人得到不该得到的东西，不会因此而富有。

金钱不是真正的财富，人的真正财富是有用的思想和闪光的智慧。

金钱没有立场，谁拥有了它，谁就是它的主人。

奢侈使人亡国亡，贫穷使人富国富。

财富多的人会蔑视财富，因为财富成了他的负担；没有财富的蔑视财富，因为他得不到财富。

金子在黑暗中或在阳光下闪闪发光，因为它的生命充满诱惑。

贪婪的人，只知道金钱的光芒，却不知道人的光芒。

黄金使贪婪的人走上了罪恶的道路，使满足的人拥有了那多彩的财富。

金钱能照亮受伤人心弦，不能照亮一颗高洁的心。

金钱可以购买人生中有价值的东西，却无法购买人生中无价值的东西。

黄金能使人得到一切，也能使人失去一切。

凡用金钱得到的东西，它本身价值已荡然无存。

金钱如果不能满足，尘土就会将你埋葬。

金钱是一种物质财富，而不是一种精神财富，物质财富使你富有，精神财富使你高尚。

如果用金钱办好事，金钱会使善良更善良，如果用金钱办坏事，金钱会使罪恶更罪恶。

有的人因为有了金钱而带来不幸，这不是金钱的罪恶，是人的罪恶；有的人因为没有金钱而终日奔波，这不是金钱的无情，是人的不幸。

金钱使有的人在寒风中战颤，使有的人在春风中陶醉。

守财奴的眼中，世界是由金钱构成的，贪婪者眼中，金钱就是世界。

一个人迷上金钱，刀枪和利剑都不能使他退却。

穷人的财富是贫穷，富人的财富是金钱。

地位展示性格，金钱表露人品。

金钱能点燃人的欲望之火，却不能燃起人的欲望光芒。

节约好比尘土垒山，奢侈好比水向东流。

黄金说："我可以购买世界，世界属于我。"太阳说："我可以照亮世界，世界属于我。"

哪里有金钱，哪里就有愉快的歌声和罪恶的火种。

财富是愉快的浪花，也是不幸的礁石。

一个贪婪的人，不管他有多少财产，他都是个穷人。

财富满足不了对财富的追求；精神可以满足精神的向往。

穷人缺少金钱，贪婪的人缺少世界。

爱钱的人，看到钱的美好，而忘记了更美的世界。

金钱有时是刀光剑影，有时是花红酒绿。

钱，当它是天使时，它会帮助你；当它是魔鬼时，它会毁灭你。

金钱会像阳光一样照亮你，也会像地震一样毁灭你。

钱会使人变得可爱，也会使人变得可怕。

钱有多少诱惑，就有多少痛苦；钱有多少罪恶，就有多少陷阱。

股票市场就是一个大多数人犯错误，少数人得利的市场。

钱，当它是天使时，它是那样的美丽和高尚；当它是魔鬼时，它是那样的丑陋和罪恶。

金钱下丑恶和悲哀无法写尽，金钱下善良和喜悦也无法写尽。

金钱的公德是我为人人，金钱的罪恶是人人为我。

太阳下的金钱是闪光的，月亮下的金钱是洁白的。关键是谁拥有它，使用它。否则阳光下有罪恶，月亮下有魔鬼。

没有钱的人听从有钱人的使唤，有钱的人听从钱的使唤。

有的人被金钱改变，有的人却改变了金钱。

富甲天下的人，不会因为富有而停止对金钱的追求。一贫如洗的人，不会因为贫穷就失去对金钱的追求。

想得到一切的人，连他应有的一切也会失去。

一个不满足的人前边是尘埃，一个满足的人前边是黄土。

金钱是你的主人，你就被金钱指挥；你是金钱的主人，你就指挥金钱。

有人会堕入玫瑰色的陷阱，有人会陶醉彩色的霓虹。

贫贱如果知足也是种快乐，富贵如果是贪婪也是种痛苦。

穷人因为无钱而苦恼，富人因为钱多而忧愁。

钱，当它可爱时，它是你的朋友；当它可恨时，它是你的敌人。

黄金，当它闪现光芒时，是因为高贵的人拥有了它；当它呈现阴暗时，是因为低卑的人拥有了它。

穷人有节制地爱钱，就会有节制地追求钱；富人无节制地爱钱，就会无节制地追求钱。

如果你掌握了财富，那是财富的不幸；如果财富掌握了你，那是你的不幸。

在权力面前，有的金钱会失去它的诱惑力；在金钱面前，有的权力会失去它的威力。

金钱调动了商人每一个神经细胞，使它时时处于战备状态。

金钱的力量不在金钱本身而在于对金钱的运用。

金钱并不是一种罪恶，罪恶的是将它变成罪恶的工具。

金银珠宝既会闪现灿灿的光芒，也会隐藏罪恶的火种。

你贪婪时，金钱就是罪恶；你善良时，金钱就是美德。

金钱在某些情况下是万能的钥匙，在某些情况下是打不开的锁。

有的人贫穷得富有，有的人富有得贫穷。

金钱是试金石，每个人的灵魂在它面前都会受到检验。

烈火知真金，钱财知人品。

钱可以使人堕落，也可以使人善良。堕落是种毁灭，善良是种美德。

黄金使有的人增添光彩，使有的人失去姿色。

穷人为富人增添财富，富人为自己增添贪婪。

思想不是黄金却比黄金更宝贵，智慧不是金钱却比金钱更富有。

黄铜幻想金子般的灿烂，它却缺少金子般的思想。

黄金是不幸的根源，也是生活的花朵。

金钱能买到的东西，必然能被金钱买走。

金钱属于自己，但自己不属于金钱。

有的人占有了财产，有的人被财产占有。

有的在金钱地位面前放弃前程，有的在金钱地位面前走向远方。

鸟系上黄金不能飞翔，人系上黄金不能远征。

有的人拥有金钱，有的人被金钱拥有。

低下的金钱应该服从高尚的灵魂。

有人像春天一样富有，有人像冬天一样贫穷。

富甲天下的人，往往一贫如洗；一贫如洗的人，往往富甲天下。

富人因为富有而幸福，穷人因为一无所有而幸福。

富甲天下，无法解忧。贫穷如洗，一样快乐。

富人的贫穷，是因为他思虑万千；穷人的富有，是因为他无牵无挂。

富人花天酒地，穷人走投无路。穷人愁的是无钱，富人愁的是花钱。

富人不希望别人比自己富有，但希望自己比别人富有。

如果你清贫，你就会高风亮节。

人的欲望会随着财富的增加而增加，人的忧愁会随着财富的减少而减少。

富贵不忘寒暑，贫穷不忘春风。

贫困有贫困的安宁，富有有富有的烦恼。

穷人拥有的是健康，富人拥有的是享乐。

贫寒易出良将，富贵易出败子。

富人因为富有而产生恐惧，穷人因为贫穷而产生不幸。

富人集中了穷人的财富，穷人集中了世间的不幸。

贫穷使有的人坚强，使有的人卑躬屈膝。

有人在财富中陶醉，有人在财富中忧愁。

有人蔑视财富，是因为他对财富失望。有人蔑视财富，因为财富给他带来不幸。

一个贪婪的人，终身在痛苦的追求中忧愁。

贪婪，会使你在无止境的追求中，失去理智；满足，会使你在有节制的追求中，得到安宁。

知足者因知足而常乐，贪婪者因贪婪而常悲。

无止境的贪婪，你得不到你需要的东西，反而失去你应有的东西。

如果你崇拜金钱，金钱会折磨你；如果你崇拜财富，财富会葬送你。

贪婪会被贪婪毁灭，金钱会被金钱腐蚀。

钱，你一时追求它，是你一时的不幸；你长期追求它，是你长期的不幸；你终身追求它，是你终身的不幸。

金钱能产生美德和善良，也能产生堕落和罪恶。

钱能产生大海般的欲望，也能产生蓝天般的幻想。

黄金昂贵，不能给你增添光辉；流水平庸，却会给你生命带来生机。

有思想没有金钱，你一定贫困；有金钱没有思想，你一定空虚。

金钱会使有的人变得残酷和肮脏，也会使有的人变得高尚和纯洁。

黄金，不同场合会闪现它那高贵的光芒和罪恶的诱惑。

人知道金钱的价值，而金钱本身并不知道自己的价值。

财富是路边草，你重视它，它就向你微笑。你忽视它，它就孤独得无人理睬。

时间不是金钱，但它可以产生金钱。金钱不是时间，但它可以换来时间。

一时受恩惠，终身被奴役。

金钱本身并不是一种罪恶，罪恶的是你对它的一种贪婪。

不是拒绝一切金钱，而是拒绝不该有的金钱。

金钱能征服一些人，但不能征服所有的人。

金钱能解决需要者的痛苦，而不能解决追求者的痛苦。

金钱是试金石，每个人在它面前都要接受检验。

金钱虽不是权力，但通过它可以产生权力。

财富像浪花一样使你无法安宁。

如果信仰被金钱购买，信仰就成金钱。

钱不会说话，但它却会使说话的人为它卖命。

有形的金钱能发挥无形金钱的作用。

在金钱面前，有的人还是人，有的人却成了鬼。

负债是无底的海洋，无债是幸福的浪花。

很多人聚积在金钱的彩虹下，岂不知它很快消失在蓝天的云朵中。

"万能"的金钱也无法购买一颗甜蜜的心。

金钱和财产使人富有，却无法使人高尚。

金钱在哪里闪烁，人们就在那里奔波。

金钱救了无数人，也埋葬了无数人。

贪婪的人在追求中痛苦，吝啬的人在聚财中贫困。

贫穷的人容易满足，奢侈的人无法满足，贪婪的人不会满足。

蔑视财产的人，不知道财产的重要；挥霍财产的人，不知道财产的恶果；追求财产的人，不知道财产的危害。

富人因为贪婪而贫穷，穷人因为满足而富有。

贫穷的人缺少衣衫，贪婪的人缺少一切。

追求知识的人不会满足，因为知识是个广阔的海洋；追求金钱的人不会满足，因为金钱是个无止境的梦想。

钱像风，不管你需不需要它都会来；钱像雨，不管你需不需要它都会去。

金钱有时能通神，使上帝失去原则，使凡人堕入陷阱。

黄金可以收买一个贪婪的灵魂，却无法收买一颗高洁的心。

富甲天下的人不满足财富，称王的人不满足自己的疆土。

有的人有了金钱什么也没有；有的人有了金钱，什么都有了。

有的人为了黄金去出卖黄金买不到的东西——良心。

在金钱面前有两种人——一种人是出卖自己，一种人是体现自己。

有钱的人会为钱怎么用烦恼，无钱的人会为没有钱怎么办而烦恼。前者是为支配而烦恼，后者是为了贫穷而烦恼。

没有钱是种贫穷，钱太多也是种贫穷，前者是种缺少的贫穷，后者是种贪婪的贫穷。

人们憎恨金钱，因为金钱会给你带来罪恶；人们喜爱金钱，因为金钱会给你带来欢乐。

当利益一致的时候，金钱会使你产生合作，当利益相悖的时候，金钱会使你产生仇杀。

如果你想与钱一同进入天堂，它会拒绝你；如果你想与它一同进入地狱，它会成全你。

财富面前无朋友，金钱面前无真心。

贫困的人缺少金钱，贪婪的人缺少世界。

一个贪婪的人，因为贪婪而永远不会幸福。

膨胀的野心忘记了跌落的危险，贪婪的诱惑忘记了不幸的陷阱。

不是拒绝金钱而是拒绝金钱后面的陷阱。

钱是一个好东西，它可以为你做好事；钱也是一个坏东西，他可以为你做坏事。

金钱能使你得到幸福的乐园，也能使你得到魔鬼的宫殿。

金钱使很多善良的人得救，也使很多罪恶的人走上绝路。

金钱使很多人倒在它的温柔怀抱。

金钱使很多人不得安宁，也使很多人为它冒险。

黄金受到人们的喜爱，但受不到人们的尊敬，因为它只能给你带来享受，却不给你带来前程。

当财富是种物质，它只能激起你的追求欲；当财富是金钱，它只能使你堕入危险的陷阱；当财富是种精神，它会激发你的生命力。

绿叶是种财富，它给你的生命是绿色的青春，阳光是种财富，它给你的是生命源泉。

财富会使贪婪的人更贪婪，慷慨的人更慷慨。

财富能奴役人，人也能奴役财富。

财富，有的人靠它生存，有的人靠它行善，有的人靠它建筑事业，有的人靠它犯罪。财富也许会毁灭你的灵魂和理想，也许会使你的灵魂和理想得到净化。

没有钱的高尚的人，同样是个有钱人。

金钱能购买的东西不美好，美好的东西不需要金钱购买。

金钱使多少人走上辉煌的征途，也使多少人倒在前进的征途。

情感综合篇

美，是一种爱的追求和爱的闪烁。

爱的美，会随着美的爱而消失。

美本身不要求人们去欣赏它，而是你要去欣赏它。

生活闪烁着人生的美，世界充满着美的爱。

美，一方面叫人欣赏，一方面叫人崇拜。

因为爱，因为喜悦才有花朵。因为美，因为梦才有彩虹。

世界把一切美，都给了彩虹，人把一切美都给了世界。

地上有缤纷的世界，天上有美丽的彩虹。

因为生活美，所以才有梦，因为梦美，所以才有花。

一切爱，都闪烁着人生的美，一切美，都闪烁着人生的爱。

在美中生活，在美中追求，让美像阳光一样布满人间。

美是一张绿色的通行证，即使遇到红色的信号灯，它也可以通行无阻。

心中有美的人，才会对世界充满爱。

天妙烟雨起，人妙面纱罩。

美，人们向往它时，是美丽的彩虹，人们看到它时，是艳丽的花朵。

美，春风一般的温柔，彩虹一般的美丽，浪花一般的喜悦，花朵一般的芳香。

天空展现我们的胸怀，彩虹闪烁着我们的美丽。

喜爱花的人，冬天也有它的芳香，喜爱美的人，夜晚也有它的彩虹。

热爱美的人，才会得到美。追求美的人，才会在美中陶醉。

美是一种幸福的向往，美是一种执着的追求，美是一种愉快的享受。

美有的在现实的土地，享受着它的幸福，有的在神秘的远方，使你有追求的苦痛。

美，持有者有了它，是一种骄傲；欣赏者有了它，是一种陶醉。

因为高尚而美，因为美而高尚。

人完美成天使，天使完美成上帝。

美对有的人是种幸福，对有的人是场灾难。

美是一种实实在在的存在，美是一种想象飘浮不定的追求。

美是一种共有的财富，你我他都是它的主人。

美是江涛的欢歌，蓝天的云彩，大地的花朵，人间的赞语。

天美在空中，海美在浪花中，地美在播种中，花美在园中，人美在心中。

崇高的心灵，为了一个美的向往，美的世界，为了一个洁白的追求。

美，不但是对自己的礼赞，也是对美好人生的一种礼赞。

美如同芙蓉出水，如同曦日东升，如同鲜花盛开。

鲜花爱大地，才美丽，人爱鲜花生活才美好。

灿烂的太阳是一种美，壮丽的山河是一种美。

赞美阳光是渴望灿烂，赞美大海是渴望蔚蓝。

花朵怕风雨，美貌怕忧伤。

像阳光一样赞美人间，像鲜花一样赞美大地。

肥沃土地多鲜花，鱼米之乡多佳丽。

天因为美而高远，人因为美而飘逸。

如果你不爱美，美就属于别人。如果你爱美，美就属于你。

追求美的人，以美为最高目标，渴望美的人，会得到美的花朵。

美是一种爱，为了美而寻找美，为了爱而寻找爱。

人被完美的力量鼓舞，但完美只属于追求而不属于现实。

相爱的时候，天使会出现在你的身边，相离的时候，天使会飘逸而去。

太阳创造了美丽的世界，人创造了美好的世界。

美的外貌能唤起人的快感，美的品德能激起人的心灵的火花。

山在山中，美在美中。

美的心灵才会发现美的世界。

想美的，不求完美，想好的，不求完好，宝石如果镶金边，它就灿烂夺目。美丽如果用品德装饰，它就高尚无比。

人因为美丽而被嫉妒，人因为漂亮而被毁谤。

有人就有美的生活，就有多姿的生活。

美，使人美好，社会纯洁。

一个美的外表配上一个美的心灵，这是我们向往的生活。

一个美的家庭和一个强大的国家，这是我们向往的美的社会。

你可以追求完美的生活，完美的生活只会海市蜃楼般在你梦中飘荡。

你可以追求完美，但你不可能真正得到完美。

寻找完美，完美不存在，要求完美，完美不现实。完美不属于你我他，而属于整个世界。

完美是一种难以兑现的欺骗，人们在这种欺骗中构造甜蜜的幻想，在幻想中盲目地狂热地张开彩色的双翼。

天上的彩虹如果和地上的彩虹连成一片，那就是完美，可这种完美永远不会实现。

生活没有完美，只有完美的追求。

人没有完美，只有一种幸福的向往。你可以用一颗完美的心去追求完美的世界。

追求美，会给你带来快乐，追求完美，会给你带来美的苦恼。

世界没有完美，人可以追求完美，热爱完美，创造完美。

人间没有天堂，人们幻想天堂。世界没有完美，人们追求完美；人没有完美，因为世界有罪恶和战争；大自然没有完美，因为它有洪水和风暴；上帝没有完美，因为人间还有灾难和不幸。

美应当在它适当的位置上展现它的容颜，而不是在一切场合展现它的诱惑。

人们追求完美，但世界上没有完美，完美只是人们凭美丽的想象编织的一朵幸福的花。

虽然不能成为最美的，但应该追求最美的。虽然不能成为最好的，但应该追求最好的。

美，相信美存在的人，才会寻找美。寻找美的人，才会发现美。发现美的人，才会热爱美。

物质的美，使你享受而缺少志向；智慧的美，使你有力量和充满胜利的信心；道德的美，使你高尚而闪现价值的光芒。

该漂亮的不漂亮，是美的不幸，不该漂亮的漂亮，是美的悲哀。

太阳的美在照耀，大海的美在永恒，大地的美在富有。

彩色的云朵使蓝天更美，鲜艳的花朵使大地更美。

你的明眸里有一朵彩色的云，有一朵红色的雨，彩色的云蕴含着生命的幻想，红色的雨飘洒着美丽的希望。

女人会嫉妒女人的漂亮，却不会嫉妒男人的潇洒。

你的微笑像朵花，你的声音像溪水，你的身影像彩霞。

美丽的外表和美丽的心灵结合，这就是真正的漂亮。

美如雨中的太阳，美如寒冬的蜡梅，美如雾中圣女。

美丽不是罪恶，但它往往被罪恶摧毁。

漂亮的女人因为漂亮而带来无数烦恼，丑陋的女人因为丑陋而带来无数自卑。

衣美如云，貌美如星，心美如月。

美的持有者会在美中喜狂，也会在美中失去芳香，美的欣赏者会在美中陶醉，也会在美中陷入不幸。

微笑是种美。你的微笑是和煦的阳光，彩色的雨，盛开的玫瑰。

真的东西是朴素的，善的东西是仁慈的，美的东西是纯洁的。

美是天空中闪烁的群星，美是地上开放的花朵，美是人间的春风。

美，只有在美的心中，才是一种力量和追求。外表的美，像一朵花很快失去它的艳丽，内心的美，像一粒珍珠，永远闪现它迷人的光。

双眸淹没前程，酒窝醉倒江山。

日月光明不如你心，山河秀丽不如你貌。

花经不起岁月的摧残，美貌经不起不幸的忧伤。

花美无须粉黛，人美无须粉装。

百花盛开是一种奉献的美，纯朴的大地是一种丰收的美，滔滔的江河是一种欢乐的美，火焰燃烧是一种照耀的美，星光灿烂是一种闪烁的美，冰雪严峻是一种洁白的美，劳动是一种创造的美。

美在某种情况下是种道德，在某种情况下是种欺骗。

浪花是一种美，因为它的歌声充满着爱；鲜花是一种美，因为它的生命充满着芳香；白云是一种美，因为它的生命充满着洁白的思念；朝霞是一种美，因为它的生命充满着燃烧的欲望。

真，使人纯朴；善，使人友爱；美，使人幻想。

大自然带来了美，将美献给了大地；大自然创造美，将美献给了人间。

美像电视台，用它自己的频率，将那迷人的色彩，送到你的心中。

彩云，舒展你的姣影；大地，培育你的翡翠；海洋，塑造你的俊美。世界装饰了你，你又将世界点缀。

火焰的美，在于跳动；浪涛的美，在于轻柔；风暴的美，在于声威；阳光的美，在于照耀。

自然的美，人体的美，是上帝的杰作；艺术的美，是人间的杰作。

月亮有着高洁的美，蓝天有着广阔的美，小河有着欢快的美，大海有着浩瀚的美，大地有着丰收的美，生命有着追求的美。

蓝天是美的，因为它有白云在飘荡，大地是美的，它有花朵和谷穗，江河是美的，它有浪花与思念。

你把美献给了世界，世界也把美给了你。

什么事都要追求完美，什么事都不会得到完美。

完美是一个美丽的天使，谁都追求它，谁都无法得到它。

走来，像阳光一样充满生命色彩，离去，像玫瑰一样留下芬芳。

在已有的美中陶醉，在未有的美中追求。

美丽的鲜花开在彩虹间，美丽的女人生活在人群里。

闭月羞花的美能使千万追求者疯狂。

世上没有十全十美的人，天上有十全十美的神。

不完美的人，追求完美，完美的人，已不再有美。

有的人追求完美，为此付出了惨重的代价；有的人喜欢完美，为此耗尽了年华。

美的出现，如日东升；美的衰落，如日之落。

美丽的东西不一定幸福，幸福的东西却是美丽的。

爱生活的人，才能创造生活，爱美的人，才能创造美。
美貌能激起你心灵的浪花，这种浪花能使你欢歌，也能使你落泪。

美色能使男人失去江山，女人失去前程。

花使大地美丽，美女使人间美丽。

一个再美的美女，也不是完美的女人，千万个美女的结合，才是真正的完美女人。

上帝给美女外表的同时魔鬼又偷偷注入罪恶的灵魂。

美女啊，你要警惕邪恶的人会打着爱情或关心的旗号，向你步步渗透，然后诱你堕入陷阱。

浪花使大海喜悦起来，美使世界喜悦起来。

美女嫣然一笑，能使你产生彩霞般幻想。

美女的花朵经不起岁月的风寒，美丽的女人经不起时间的摧残。

因为追求美有自己构造的天地，有自己飘荡的白云。

跑到峰峦那边去观看日出吧，它会使你的生活闪现壮丽的美。

热爱美，就去追求美，喜爱美，就去欣赏美，赞扬美，就去憧憬美。

东方日出有天使升腾，西方落日有美女曼舞。

爱在美的旗帜下翩舞，花在美的旗帜下开放。

一个心灵不美的人，怎么会去爱心灵美的人。

美，让人心动，也使世界绚丽起来。

美，当然很好，不美，能闪烁光彩也是美。

人类在追求美中发展自己，历史在创造美中建设自己的未来。

鲜花不能因为欣赏自己的美，不开放，浪花不能因为欣赏自己的美，回浪不前。

你可以用美来虚构明天，用美来点缀现在的岁月。

笑留在彩虹里，情留在蓝天中，美留在心中。

柔情之美，如春风细雨，刚性之美，如江河怒吼。

美，使美的持有者自豪，使美的欣赏者仰慕。

美的发现是美的水平，美的追求是美的心灵，美的创造是美的热爱。

美，有的能看到，如花的美丽，有的看不到，如金子的埋没。

美，有时表现得很可爱，有时表现得很可怕。

最美不过彩虹美，最亮不过太阳亮。

孔雀之美在于开屏，蓝天之美在于笑脸。

一个好的女人，就是个美的博物馆，她有面容美，线条美，柔情美，心灵美。

美色像风，有了它，大海就难以平静。

世界没有完美，人们却向往完美。生活要求完美，生活就不再是美酒；爱情要求完美，爱情就不再是天使；幸福要求完美，幸福就不再是甜蜜的梦。

美丽的花，不要求人的欣赏，人们却去欣赏；灿烂的朝霞，不要求人们颂扬，人们却去颂扬。

心灵美，就是玉洁冰清，外貌美，就是花枝招展。

美玉出于丑璞，美女出于农野。

人能创造美的世界，也能将美的世界毁灭。

人随岁月的流逝失去美，花随岁月的更迭得到美。

回忆像海中的浪花，充满美的涟漪，像天上的星星，闪烁着无尽的遐思。

含笑如春风，媚笑如花朵。

回忆像条悠悠的小船，把过去和未来连成一片。

回忆有泪水的负疚，也有壮丽的凯歌。

回忆是往事的船帆寻找新的彼岸。

孤独如孤云闲鹤，有宁静的勇气和闲散的力量。

礁石是孤独的，它有浪花相伴，月亮是孤独的，它有群星相陪。

孤独是一种强大的别人力量和一种不屈的自我力量的较量。

孤独并不是与世隔绝，而是在一个人的世界中，面对更广阔的世界。

有的人在孤独中绽放花蕊，有的人在孤独中苦度一生。

月亮孤独有群星相伴，人孤独有众人相陪。

有的在孤独中，生命逐渐枯萎，有的在孤独中，生命仍发生机。

有的在孤独中受尽了感情的折磨，有的在孤独中规划着未来。

等待有千万种，只有一种等待属于你，希望有千万种，只有一种希望属于你。春风能使石头融化，岁月能使大地毁灭。

越是期待的东西越令人神往，所以期待是醉人的。

男人等待女人是一种幻想，女人等待男人是一种哀伤。

期待是痛苦的，每一分每一秒都要接受烈火的煎熬。

天海一方，关山明月连看你和我，风儿带来远方的牵挂，云儿带来了我的思念。

一水牵挂万江愁，一浪连着万里行。

思念的彩羽随风飘荡，思念的浪花随海远航。

地上有一颗真诚的心，天上有一颗含泪的星。

思念也许会成为相遇的欢乐，也许会成为不能相见的创伤。

心像白雪一样纯洁，情像水一样悠长。

江河因为思念而流向大海，人因为思念而走向远方。

岁月将人隔离，风烟使人难以相见。

思念的云，飘飘荡荡；思念的雨，潇潇洒洒。

天各一方，月亮将我们相连，有多少情思就有多少洁白的思念。

海上的船只消失在天际，月亮的船却永远在心中摇晃。

像白云飘荡的心萦绕着心灵的牵挂，像惆怅的雨饱含着降落的哀伤。

喜悦的歌消失在蓝色的大海，美丽的梦消融在远边的彩霞。

美酒洗尽人间忧愁，歌声带走人间不幸。

人的微笑没有失去任何东西，却得到了意想不到的东西。

心灵中的绿地，渴望雨露滋润。

心灵中的草坪，渴望心的抚摸。

微笑，一个简单的付出，得到重大的回报。一个没有成本的闪现，却产生了无数财富。

微笑不是种子，却播了种子的希望和种子的未来。

花有自己的笑脸，人有自己的笑容。

不是人间春色少，只是眼中忧愁多

失落的太阳会再度升起，失落的情感却不会再度重来。

在毁灭即将到来的时候，人会产生奇异的力量和勇敢的智慧。

不幸的时候憧憬未来，会使你心潮澎湃；不幸的时候回味过去，会使你伤心落泪。

痛苦的重复更痛苦，幸福的重复更幸福。

美酒饮尽人间痛苦，歌声湮没千年忧愁。

一颗破碎的心最需要别人的缝补，一个含泪的面容最需要别人的安抚。

掩饰痛苦是最大的痛苦，掩饰不幸是最大的不幸。

人生多愁事，洒泪写春秋。

不要为生活的不幸烦恼，只要你心中充满大地的无限和海洋的浩荡，你就会愉快地面对生活，含笑走向灿烂的明天。

在痛苦面前有两种人，一种人沉溺于自己的不幸，在痛苦中受折磨；一种人为别人制造痛苦，以此安慰自己。

如果你的不幸和别人的幸福使你痛苦，那你就是双倍的凄惨。

痛苦的泪水也有欢乐，苦涩的不幸也有豪迈。

痛苦会随着雨而来，幸福会随着风而去。

秋风凄雨人生有多少不幸，春暖花开人生有多少欢歌。

仇恨别人对自己是种伤害，仇恨自己是种毁灭。

复仇的愿望能使一个濒于灭亡的人重新燃起生命的火焰。

仰慕的火花时时闪现，情感的窗却紧紧关闭。

人失去理智就疯狂，海洋失去理智就惊涛骇浪。

人的理智城堡会被情感的炮火攻破。

激情，是大海的波浪；胸怀，是蓝天的云霞。

人的感情世界是广阔多变的，有时是雷鸣闪电，有时是暴风骤雨，有时是阳光灿烂，有时如飞天而降的瀑布，有时是毛毛细雨，有时是温柔的花朵，有时是绿色的草，有时是小船悠悠，有时是峡谷中一棵草，有时是大海中一孤舟，有时是失败的楚歌，有时是不幸的泪水，有时是胜利的微笑。

问大地，大地含着微笑；问苍天，苍天流着云彩。

花开花落自有自己的情怀，云卷云舒自有自己的豪迈。

大地胸中有宝藏，人的胸中有波浪。

有迎接你归来的星星，却没有迎接你归来的灯火。

笑口常开，幸福常在。

无情的利剑不能穿透墙壁，却能刺穿一颗悲痛的心。

海水高低必有暴风雨，激情高低必有灾祸。

微笑，你没有付出，却是种付出；你没有得到，却是得到。

享受不是幸福，追求才是幸福。

贫困的茅屋中可以构造幸福的天堂。

幸福的人，是知足的人，而不是拥有财富和地位的人。

接受别人帮助不是幸福，幸福是帮助了别人，不求回报。

贫困中有幸福的天堂，茅屋中有欢快的歌声。

如果你先幸福，别人没有幸福，那不是真正的幸福。你幸福了，别人也幸福，那才是真正的幸福。

自己幸福，也使别人幸福，你便是双倍的幸福。

给别人阳光，自己先要有阳光；给别人幸福，自己先要有幸福。

你追求的幸福越少越幸福，你追求的幸福越多越不幸福。

活得幸福，使自己的生命与别人的生命都融化在同一蓝天下。

人的最大幸福，不是你的拥有，而是你的追求。

幸福不是你欲望的满足，而是你心灵的快慰。

一个自私的人，以追求自己的幸福为最高目标；一个无私的人，以追求人类的幸福为最高目标。

花儿开在春风里，有多少喜事；星星闪烁在银河中，有多少梦想。

追求是种快乐，它使你充满浪花般喜悦；拥有是种快乐，它使你美酒般陶醉。

美言化尽千年仇，蜜语化解百年恨。

笑尽人间事，肚容天下愁。

笑，像春风能打开冰冻的大门。喜，像炸弹能炸开千年的城堡。

微笑不是财富，却可创造财富。

给别人幸福，你也会得到幸福，给别人痛苦，你也会得到痛苦。

不幸的人，会以别人的不幸来安慰自己；幸福的人，会以别人的幸福来折磨自己。

有人因为愉快而幸福，有人因为痛苦而悲哀。

幸福的生活像鲜花，不幸的生活像苦酒，幸福后面可能有灾难，灾难后面可能有幸福。

有人在痛苦中得到更多的痛苦，有人在欢乐中得到更多的欢乐。

使别人幸福的人，自己也幸福；使别人痛苦的人，自己也痛苦。

羡慕别人幸福的人，会使自己痛苦；同情别人痛苦的人，会使自己幸福。

你有权利给自己创造幸福，却没有权利给自己创造痛苦。

没有痛苦的人，是不存在的；没有幸福的人，也是不存在的。人往往在这两者之间徘徊、寻求、思索。

幸福在草原上奔驰，痛苦在蓝天中消融。

满足的人没有痛苦，痛苦的人因为不满足。

有的人用自己的痛苦为别人制造痛苦，他是个不幸的人。有的人用自己的痛苦为别人解除痛苦，他是个幸福的人。

解除别人的痛苦，是医生的职责。解除人类的痛苦，是政治家的职责。

有希望的痛苦是长期的，没有希望的痛苦是短暂的。

不在痛苦中毁灭，就在痛苦中永生。

为了明天的幸福，你就要忍受今天的痛苦。

失意时不灰心，痛苦时不绝望，失败时不气馁，始终带着微笑面对未来。

别人欢乐我愉快，别人痛苦我忧愁。

人的苦恼，是因为知道得太多，而不是知道得太少。人的苦恼，是因为追求得太多，而不是追求得太少。

最大的不幸是无人同情，最大的痛苦是无人理解。

人为了摆脱孤独，往往陷入更可怕的孤独。

在毁灭性的灾难中，有人站起来，有人倒下去。

江河不能控制而成为洪流，人不能控制而成为灾难。

幸福的人如果没有痛苦相伴，就不懂得什么是真正的幸福，痛苦的人如果没有幸福的慰藉，就没有人生的希望。

人愁，日月长。人喜，时间短。

快乐，就是你觉得快乐就快乐；痛苦，就是你觉得痛苦就痛苦。

与别人的幸福相比，你是用痛苦来折磨自己；与别人的痛苦相比，你是用幸福来安慰自己。

肉体的孤独使人痛苦，精神的孤独使人毁灭。

担心自己是否会痛苦的人，他已在痛苦中经受煎熬。

梦，消融在天边的彩霞；情，消融在大海的蔚蓝。

人的感情是变化莫测的，有时像大风一样猛烈，有时像小雨一样温柔。

你可以控制怒火，但无法控制感情的波涛。

时间使黑暗的天空变为光辉的苍穹，岁月使仇恨的烈火消失在蓝天白云之中。

一个没有痛苦的人，也是没有快乐的人。

一道美丽的彩虹，长在心中闪烁；一个彩色的记忆，长在脑中久留。

期待，有时像春天，会开出美丽的花；有时像秋天，会落下凄凉的树叶。

有一种等待，会随着时间的凝结而变成希望；有一种等待，会随着时间的失去而变成失望。

天上有多少星星，只有银河知道。我有多少梦，只有自己知道。

也许那个梦，在心灵深处有一次澎湃的撞击；也许那个梦，在脑海深处有一次波浪的欢歌。

痛苦中梦是安慰，幸福中梦是寄托。

在太阳升起的地方是家乡，在梦升起的地方是天堂。

梦是彩色的蝴蝶，飞向远方芳香的花朵。

梦是一种现实自我和理想自我的组合。

当你甜蜜时，梦是花；当你美好时，花是梦。

人都希望自己的梦，美丽而完美，而真正的梦却美丽而破碎。

梦有时春暖花开，一片繁华，有时支离破碎，落叶飘零。

梦是蓝天的鸟，摄下自己美丽的光彩。

一个梦追随另一个梦，像浪花追随浪花，无数浪花，组成了梦的世界。

梦，美的向往，云的飘逸，花的芳香，爱的欢愉，苦的磨难，生与死的搏斗。

什么是美，鲜花披上美丽的彩霞，女神骑驾白鹤在天空自由随风游荡。

你的幸福就在于你的追求之中，你的不幸就在于你对一切失去追求。

一个对世界充满追求的人，很幸福，因为追求所激起的浪花随时随地震动他的心扉；一个对世界没有追求的人也很幸福，因为他没有因追求所带来的无限痛苦。

如果你为自己创造幸福的同时，也为别人创造幸福，那么你得到的便是双倍幸福。

幸福的人不仅拥有足下充实的土地，还拥有天上美丽的云彩。

有人追求幸福，又被幸福毁灭。

不为缺少的悲哀，却为拥有的喜悦，你就是个幸福的人。

幸福对有的人是一座美丽的花园，对有的人是一个甜蜜的陷阱。

一个在自己有限的世界中为别人创造无限世界的人很幸福，因为他像浪花连着大海。

乌云像痛苦一样短暂，幸福像蓝天一样久长。

一个享受幸福的人，不如创造幸福的人。

人是自己幸福的设计师，是别人幸福的建筑师。

人的幸福是在一个现实的世界中追求一个理想的世界。

幸福是腾飞的鸟翼，只有蓝天才懂得它的情怀。

我们幸福，共有一片蓝天；我们富有，共有一片土地。

人的幸福，不是他得到所追求的一切，而是他艰苦地跋涉在遥远的征途。

勤于耕种的人，会得到知识；节俭的人，会得到财富；拼搏的人，会得到事业；善良的人，会得到幸福。

为不幸的人，洒下同情的泪花，为幸福的人，举杯祝福。

一个不幸的人，会从幸福的境界坠入痛苦的深渊，一个幸福的人，会从不幸的境界走向幸福的境界。

一个人不经过最痛苦的事情，就体会不到世界上还有最幸福的事情。

经历过不幸的人，懂得什么叫幸福。经历过苦难的人，懂得什么叫人生。

人生最大的痛苦，是谁也不需要他；人生最大的幸福，是谁都需要他。

幸福，在幸福的家庭中存在着喜悦；在不幸的家庭中存在着绝望的火种。

为了自己的幸福，毁了别人的幸福，这是种罪恶；为了别人的幸福，放弃自己的幸福，这是种献身。

美丽的鲜花开放在田野，幸福的人脸上闪现欢乐的花朵。

痛苦征服了你，你是巨大的不幸；你征服了痛苦，痛苦成为你的不幸。

一个幸福的人不希望别人比自己更幸福，以此孤芳自赏；一个不幸的人希望别人比自己更不幸，以此安慰自己。

幸福的人建立一个新世界的同时，还保留那原有的世界；不幸的人，建立了新世界，将原有的世界也失去；最不幸的人还没有建立新世界，就将旧世界失去。

人是一个建筑师，他在为别人构造命运的时候，也在为自己构造幸福。

痛苦使人懂得幸福，幸福使人懂得生活。

一个幸福的人，会时时感到曙光的照耀；一个不幸的人，会时时感到冬天的严寒。

痛苦是个老师，它使我们懂得了生活；幸福是个老师，它使我们懂得了追求。

幸福无边是因为有追求，苦海无边是因为无追求。

幸福有两种，一种是对现实的满足；一种是对未来的追求。前者使你心安理得，后者使你燃烧希望的火焰。

在各种幸福中，事业的成功是最大的幸福。在各种痛苦中，情感的痛苦是最大的痛苦。

怀念使人伤痛，向往使人欢乐。

情感里别忘了祝福，思念里别忘了祈祷。

灵魂的冲动能在有限的生命中像大海一样发出排山倒海的巨浪。

强者含着微笑面对痛苦，弱者含着泪水面对不幸。

玫瑰因为美丽才有荆棘，生活因为欢乐才有痛苦。

不幸时，要升起你信念的风帆；幸福时，要收起你划动的双桨。

一个不幸的人，处处是乌云；一个幸福的人，处处是阳光。

人的不幸不是他追求他没有得到的东西，而是他追求他不应该追求的东西。

今天下雨，明天阳光依旧灿烂；今天遇到不幸，明天幸运之神依旧与你相伴。

痛苦让它像乌云一样从天空消失，幸福让它像阳光一样永存人间。

心灵上的悲哀是最大的悲哀，感情上的不幸是最大的不幸。

痛苦会像黑夜一样困扰着一个盼望光明的心。

痛苦是自己给自己寻找不幸，你会用弱者的无能来安慰自己，你会用强者的强大来苦恼自己。

幸福方知时辰短，忧愁方知日月长。

幸福，是你得到了幸福，又使别人幸福。

痛苦，是你得到了痛苦，又使别人痛苦。

痛苦的时候会有不幸的乌云笼罩，也有幸福的火花在闪烁。

人因活得简单痛苦少，人因活得辉煌痛苦多。

用智慧的头脑，定下前进的步伐；用锋利的利剑，斩断尘世的烦恼。

幸福对有的人是低飞的燕雀，对有的人是高飞的大雁。

幸福在大山，要你向它走去；幸福在天上，要你向它飞去。

有黑暗才有黎明，有痛苦才有幸福。

自己的爱心帮助了别人，自己的牺牲成全了别人，这是幸福。

自己得到的幸福自己享受，是一个低微的人；自己得到的幸福与人同享，是一个高尚的人。

拥有阳光的人，前程就灿烂；拥有幸福的人，生活就美满。

幸福不在于你得到它，而在于你对它热烈的渴望和长期的期待,渴望会有浪花般的喜悦,期待会有岁月般的向往。

对幸福的渴望和期待，比幸福的本身更能激荡人们的心扉。

幸福追求是船只在大海中航行，有种欢腾和奔放；就是船只到达彼岸落下桅帆，有种满足感。

夜的幸福是消失了自己，捧出了黎明的曙光。

浪花因为愉快而歌舞，生活因为美好而歌唱。

无节制地追求幸福会在追求中倒下。

幸福的人，是满足的人；痛苦的人，是贪婪的人。

一个痛苦的人希望别人像他那样痛苦，一个幸福的人却不希望别人像他一样幸福。

你的幸福如果给别人造成了悲剧，你的幸福后面就隐藏着不幸。

人人都有自己的幸福，人人都有自己的不幸。

你的快乐告诉了不幸的人，那就增加了他的不幸，你的痛苦告诉幸福的人，那就减少了你的痛苦。

人生的悲哀，是作茧自缚；人生的愉快，是随心的飞翔。当痛苦中出现欢乐的时候，欢乐也是种痛苦；当欢乐中出现痛苦的时候，痛苦也是种欢乐。

世界最大的痛苦，是默默承受的痛苦；世界最大的幸福，是心灵深处的幸福。

因为欢乐而有喜剧，因为痛苦而有悲剧。

经历过严寒的人最懂得太阳的温暖，经历过苦难的人最懂得幸福的珍贵。

世界最幸福的事情，你为别人建造了幸福，世界最痛苦的事情，你为别人制造了痛苦。

有的人在别人的不愉快中找到了自己的愉快，有的人在自己的愉快中找到了别人的不愉快。

不能满足的欲望得到了满足，你会喜悦，不该满足的欲望得到了满足，你会痛苦。

如果没有大海，还有云朵，如果没有云朵，还有蓝天。

痛苦后的幸福，知道什么是真正的幸福。幸福后的痛苦，知道什么是真正的痛苦。

人生有多少悲欢事，世间有多少苦乐歌。

痛苦的事情永远是痛苦的，欢乐的事情永远是欢乐的。

痛苦的欢乐会给你带来欢乐的痛苦，幸福的欢乐会给你带来欢乐的幸福。

痛苦的人喜欢痛苦的人，幸福的人却不喜欢幸福的人。

痛苦的人会以别人更大的痛苦来安慰自己，幸福的人会以别人更大的幸福来折磨自己。

没有狂风暴雨就没有绚丽的彩虹；没有不幸的灾难就没有幸福的喜悦。

不幸的人为自己铸造痛苦，幸福的人为自己铸造幸福。

幸运的人走的是花红柳绿的道路，不幸的人走的是山重水复的道路。

幸福的人，春花相伴，不幸的人，秋雨相随。

快乐会像花朵那样枯萎，痛苦会像小草那样缠绕大地。

爱在痛苦中诞生，幸福在刀斧丛中寻觅。

人不会在他人痛苦中倒下，却会在自己痛苦中丧身。

幸福使人懂得享受，痛苦使人懂得人生。

寒冷的冬天最需要阳光的温暖，不幸的人最需要别人的安抚。

个人的悲剧，是个人的不幸，社会的悲剧，是社会的不幸。

孤独的痛苦是可怕的，无人知晓的痛苦是沉寂的。无人分担的痛苦是沉重的。

你伤害别人，别人知道，你自己不知道。别人伤害你，别人不知道，你自己知道。

有的人在痛苦中绝望，有的人在痛苦中解脱。人在流泪的时候，需要安抚，人在欢乐的时候，需要节制。

美丽的花朵遭到丑恶的扼杀，这是花的不幸。幸福的人遭到歹徒的伤害，这是人的不幸。

痛苦是难免的，有的人能够将它化解，有的人被它困扰。

眼泪无法洗刷痛苦，笑声能将乌云驱散。

人的最大悲哀不是生活的不幸，而是心灵的不幸。

小的痛苦是种折磨，大的痛苦是种毁灭。

一个人的不幸，不是失败而是灰心。

痛苦，有的人用眼泪洗刷，有的人用欢笑代替。

不幸会使有的人陷入支离破碎的惨景，也会使人重新燃起生命的火焰。

白天没有欢乐的歌声，夜晚没有相见的笑脸，你的生活是多么的不幸。

红烛用自己的泪水表达了极大的不幸。

当痛苦征服了你，痛苦是件坏事，当你征服了痛苦，痛苦是件好事。

有人在痛苦中期待，有人在痛苦中折磨，有人在痛苦中绝望，有人在痛苦中抬起了头。

人生最大的痛苦，是感情的痛苦；人生最大的不幸，是感情的不幸。

在痛苦的人面前夸耀你的幸福，会使对方更痛苦，在幸福的人面前夸耀你的幸福，会使对方更幸福。

对痛苦的重复会更加痛苦，对幸福的重复会更加幸福。

有的人在孤独中迎来明天，有的人在孤独中失去未来。

高兴时，孤独是一剂良药；痛苦时，孤独是一种思索。

人在渴望幸福中奋发，人在期待幸福中幻想。

幸福圣洁时，它为自己或别人创造了幸福，幸福痛苦时，它为自己或别人埋下了不幸。

幸福，你对它充满希望时，是一种愉快的向往。

幸福，你对它充满渴望时，是一种焦虑的等待。

有的人会从不幸走向不幸，有的人会从幸福走向幸福。

你幸福也使别人幸福，你是个幸福的人。

你痛苦却使别人幸福，你是个高尚的人。

痛苦喜欢痛苦的人，因为一个悲伤的心会怜悯另一个悲伤的心。幸福却不喜欢幸福的人，因为一颗愉快的心不会对另一颗愉快的心产生欢乐。

追求，有追求时的幸福；享有，有享有时的幸福。追求时的幸福往往比享有时的幸福更幸福。

已有的幸福与人共享，憧憬的幸福与人携手。

追求幸福，有浪花般渴望翻滚的欲望，享有幸福，有花朵般温馨艳丽的陶醉，争取幸福，有血的奔腾和焰火燃烧的壮观。

幸福的人如果会悲哀，那是因为你不懂得幸福；悲哀的人如果觉得幸福，那是因为你没有真正的悲哀。

想到自己的人，即使幸福也悲哀；想到别人的人，即使悲哀也幸福。

有的欢乐像浪花一样唾手可得，有的欢乐像海底珍珠难以寻觅。

大地有黑暗的不幸，然而光明会代替它；人间有痛苦的不幸，然而幸福会代替它。

享受财富而不创造财富，财富慢慢耗尽；享受幸福而不创造幸福，幸福慢慢失去；既享受幸福又创造幸福，才是个真正幸福的人。

如果你能把遥远的过去和美好的未来联结起来，你就是个幸福的人。

不是你获得了向往的一切，而是你为别人建造了一个幸福的乐园。

一朵浪花能激起另一朵浪花的激情，一个人的欢乐能激起另一个人的欢乐。

喜悦的花和幸福的花如果同时向你开放，你便获得了双倍的幸福。

向阳门第春常在，繁花似锦幸福多。

拥有得多，并不是真正快乐，真正快乐是满足现状，追求少。

快乐如珍宝，需要你寻找，快乐如机遇，需要你创造，快乐如天使，需要你迎接。

笑声能装点你的颜容，笑声能医治你的苦痛，笑声能送给你的健康，笑声能温暖你的心房。

心像江河澎湃，情像浪花一样欢歌。

山上白云飘荡，山下人群欢笑。

人的内心浪涛必然通过人的外部堤岸而汹涌澎湃。

情似浪花，胸似海洋。

浪，大海的情歌，情，人生的波澜。

小溪与小溪相会，心与心交融。

思想像鸟儿拥有广阔的空间，情像大海浪涛拥有自己的蔚蓝。

拥有幸福的希望比拥有幸福更幸福。

笑在今天的人，是种喜悦；笑在明天的人，是种幸福。

塔不因暴雨而倾斜，树不因风雨而毁灭，堤不因水而淹没，人不因不幸而夭折。

你不幸时，你内心的风暴和痛苦，要比海洋上的风暴和浪潮更加痛苦和不幸。

人间只有暂时的不幸，没有永久的不幸。

人间只有暂时的欢乐，没有永久的欢乐。

一个知足的人，就是个幸福的人。

恋
情
篇

会

計

篇

有的爱在银河中永远闪烁，有的爱在银河中很快消失。

美酒、红颜、芳唇、蜜语是种爱；信任、鼓励、支持更是种爱。

没有美的爱，就不知道如何怜香惜玉，没有美的爱，就不知道如何欣赏对方。

因为远距离，所以情笃深；因为近距离，所以情独钟。

有一种幸福因你而到来，有一种爱情因你而存在。

期盼的目光，虔诚的心，等待爱神的降临。

爱在蓝天有彩虹，情在大地开鲜花。

如果不能天长地久，也要庆幸曾经拥有。

我爱的人，你爱我吗？爱我的人，我爱你吗？

天上有多少心，地上就有多少爱。

地上有多少花朵，人间就有多少芳香。

因为爱，所以大地才有花朵，因为情，人间才有友谊。

白天想你，如彩云思念蓝天；夜晚想你，如星星恋着月亮。

因结婚而结婚，结婚是爱情的坟墓。

因结婚而恋爱，结婚是相爱的花朵。

爱别人是幸福的，被人爱就更幸福。

爱没有故乡，只有阳光。

分离知路遥，相遇知海深。

太阳光芒照大地，相爱花朵在人间。

友谊，分享会得到更多的友谊，情爱，分享会葬送友谊。

大地的花朵属于所有人，爱情花朵，属于两个人。

爱的人随风而去，不爱的人随雨而来。

有时爱的祸种在你爱的歌声中已慢慢地滋生。

没有爱情的日子很难过，有了爱情的日子又不知道怎么过。

恋爱时，两个人追求同一个世界，结婚时，两个人面对同一个世界。

初恋，如绿树丛林又逢春，热恋，如夏日炎炎，失恋，如严冬又遇冰上霜。

在恋爱时，有人智商发挥到最高点，有人智商降到最低度。

金钱大厦构造的爱情易倒塌，茅草竹棚搭建的爱情春常在。

爱的天空，有群星闪烁；彩虹飞跨，有雷霆闪电，狂风暴雨。

爱是春风，使千百万人陶醉，爱是春雨，滋润千百万人的心房。

相见不如期待，结婚不如恋爱。

爱远方明月，也爱身旁佳人。

爱无罪，有罪的是不该爱。

爱与阳光同在，情与明月同存。

美女会给你带来灿烂的光芒，也会给你带来灭顶的灾难。

天上有彩霞，大地有花朵，人间有爱。

大海深处有珍珠，情海深处有佳人。

爱是一道美丽的彩虹，将现在和未来连接起来。

爱情能给你燃烧的火焰，也能给你浪涛般激情和一种奋发的力量。

人在恋爱中失去理智，神在恋爱中失去尊严。

没有太阳的世界是黑暗的世界，没有爱情的世界是荒凉的世界。

手拉手走上爱的顶峰，肩并肩走向爱的殿堂。

大陆汪洋有情，蓝天白云有爱。

爱情就是把自己的希望和理想，放在一条小船上，在对方幸福的海洋中自由地飘荡。

得到你应该得到的爱情，是种喜剧；得到你不应该得到的爱情，是种悲剧。

爱的誓言有的是决心，有的却是种潜伏的背叛。

恋爱时，双方隔着一层雾，谁也看不清谁。结婚时，雾已消退，每个人都看清了对方的姿容。

追求是美丽的梦幻，得到是晶莹的水珠。

友谊越多越好，它能使人高尚，爱情越少越好，它能使人专一。

人会为失去爱情而流泪，却不会为失去爱情而歌唱。

失恋也许会摧毁你心中美丽的世界，也许会使你得到另一个世界。

爱情那神秘的海洋，谁又能预料它翻卷起什么波浪。

不要在爱的花朵中失去芳香，不要在爱的岁月中失去如金的年华。

恋爱是一种美好的追求，离婚是一种痛苦的挣扎。

恋爱是两颗心寻找一颗心，结婚是两颗心变成一颗心。

恋爱是一种美丽的花园，在这座花园里每个人都拥有自己的花朵。

思念的风，始终在心湖飘荡；温柔的雨，久久在孤帆上飘落。

因为崇拜而爱，因为喜爱而追求。

不被人爱是种痛苦，不能爱人是种不幸。

向往爱，就有美丽的彩虹；被人爱，就有绚丽的花朵。

甜言蜜语能激起感情的浪花。

如果爱情能打开你的心扉，那么它就能够攻克你壁垒森严的禁区。

爱有时是坚硬的铜墙铁壁，有时是不堪一击的花朵。

因为懂你，才知相爱；因为爱过，才知美好。

忘不了你那烈火般的真情，忘不了你那甜美温柔的话语，忘不了你那天鹅般的身躯。

有多少水，就有多少柔情；有多少云，就有多少向往；有多少爱，就有多少追求。

陶醉在爱中，难以觉醒，葬身在爱中，难以复活。

爱即使有伤害，当你回首它时，会是甜蜜的，即使有不幸，当你展望它时，还是美好的。

你是天上一片云，给我多少彩色的遐思；你是天上温柔的雨，给我多少缠绵的思念。

阳光恋爱时，便有了万物生长；万物恋爱时，便哺育了上亿苍生。

真正的爱情给天空留下美丽的彩霞；放纵的爱情给大地留下痛苦的伤痕。

因为爱，所以才追求；因为被爱，所以才陶醉。

因为爱，才知道美丽；因为被爱，才知道甜美。

如果你是树，我就是土壤；如果你是海，我就是波浪；如果你是蓝天，我就是云朵。

不幸的爱情在你快乐追求时已经潜伏着悲哀的火种。

你走了，留下了蓝天的记忆，也留下美丽的彩虹。

破碎的波浪，再也无法在大海中唱着完美的歌。

爱情的情思不要轻易被拨动，爱的浪涛不要轻易被涌起，爱的闸门不能过早地打开，否则幸福的爱会给你带来不幸。

如果金钱在爱情中闪现光芒，那么爱就会很快失去它的甜美。

大海是美好的，谁能说出它下面蕴藏的精彩。

爱情是幸福的，谁能说出它持续的年代。

没有诗的世界是苦恼的世界，没有爱的世界是孤独的世界。

家人给的是温暖的阳光，情人给的是绿色的波浪。

海浪不能改变礁石的坚定，风暴不能改变爱的向往。

爱是一张有形的网，情是一座无边的海。

世界因为爱而存在，人生因为爱而精彩。

世界因为爱而美好，人间因为爱而辉煌，大地因为爱而永恒，江河因为爱而高歌。

阳，因为光环而美丽；花，因为含笑而迷人；爱，因为真诚而甜蜜。

爱，你向往时是含笑的花朵；你追求时，是神秘的天使。

爱是多彩的蓝天，爱是丰沃的田野，爱是蓝色的海洋，爱是多情的火种。

爱情是一颗幸福的种子，它既可在帝王高堂大殿播种，也能在牧人茅舍播种，既可给帝王带来幸福，也能给牧人带来安宁。

爱情追求时是甜蜜的，向往时是美好的，得到时是幸福的。

心灵一旦被爱驾驭，就像波浪一样永远无法平静。

爱情使丛林染上美丽的神话，爱情使天空增加神秘的幻想。

爱在无私的王国里，窃取了最自私的珠宝。

为爱而活着的人，是个高尚的人；为爱而死的人，是个幸福的人。

纯真的爱，使人幸福；荒淫的爱，使人毁灭。

爱在天堂，可上九天揽月，爱在人间，世界充满芳香。

只要爱，白云才会悄悄潜入你的梦境；只要爱，鲜花才会偷偷开放在你心间。

　　爱可以融化冰霜，情可以攻破城堡。

　　风出现的时候，大海无法平静；爱出现的时候，心灵就有浪花。

　　有的人为了爱而成为罪人，有的人为了爱而成为天使。

　　不是耐心的等待，就是痛苦的煎熬，不是前进的动力，就是拖后的羁绊，不是戏剧的结束，就是悲剧的告终，不是芳香的花朵，就是刺痛的荆棘，不是自由的天使，就是专制的"暴君"，不是天山的迷雾，就是东海的迷茫。

　　男人在等待中是一个美丽的天空，女人在等待中是一朵飘荡的白云。

　　爱情是美好的，男的把女的想象成天上的月亮，女的把男的想象成人间的太阳。

　　爱是大海，求爱的人是船只，一旦你驶入它的怀抱，你就甜蜜而苦涩地失去自己的航向。

　　我有一颗心，首先想到的是你，不管爱与恨，它都属于你。

　　相爱是种心境，求爱是种艺术，前者使爱神动摇，后者使爱神屈服。

　　蓓蕾在耐心等待中迎来了盛开的花朵，黑夜在等待中迎来了黎明的曙光，你在等待中迎来了幸福的天使。

男人拒绝女人的追求，是对她高贵自尊的一种伤害，女人拒绝男人的追求，是对他人格的一种摧残。

爱在哪里，问苍天，苍天说在天涯；问大地，大地说在远方。

炮火不能动摇爱的信念，戈壁不会困扰爱的向往，饥饿不能泯灭爱的甜蜜。

爱是一朵云，它要按照自己愿望飘荡，狂风不能改变心愿，雷霆不能改变向往。

不是不爱，是爱的蓓蕾还没有开放；不是不爱，是爱的船帆还没有起航；不是不爱，是月亮还没有露出笑脸；不是不爱，是远方的大雁还没有万里传输。

你在山那边，我在山这边，我们两个永远相望却永远不能相见，是自然屏障，还是思念的信鸽无法将它飞越。

日月爱情思，大海爱情歌。

爱的天空广阔无垠，属于你的只有一缕阳光，只要你有了它，你就拥有了整个阳光。

你到天涯，我到天涯，我们相会在天涯，是月的思念，是风的幻想，是水的柔情。

森严壁垒的大门一旦打开，爱情就不是遥远的神话，而是眼前的花朵。

硝烟弥漫的战场，不能毁灭爱的火种；十里刑场不能改变爱的信念，贫寒交迫不能动摇爱的意志。

自你离开后，星星不再闪光，月亮不再微笑，在茫茫的黑夜中，一叶孤舟在江海中任凭风浪拍打。

思念是条河，向无尽的大海流去，思念是朵云，向广袤的天空飘荡。

你在千里之外，我在千里之内，相思容易相见难，月带来了纯情，风带来了问候，雨带来了缠绵。

刀难断水，人难断情。

爱在阳光下，恨在黑夜中。

在金钱面前,谁的金钱最多,谁就获得爱。在情感面前,谁的感情付出得多,谁就得到爱。

爱情热烈如火，疯狂如风，温暖如雨，甜蜜如梦，爱你是天上的明月，想你是身旁的化朵。

远飞的大雁,你能回来吗? 远方的爱情,它能返航吗?

你失去爱，绿叶和晨曦不是还与你相伴，明月和星星不是还与你为伍。

该追求的追求，该挽救的挽救，该放弃的放弃。

爱情是火,既可燃烧,也可毁灭;爱情是水,既可载舟,也可覆舟。

恋爱是场求索，结婚是场征战，离婚是场交战。

唱着歌向爱情王国走去，含着泪从爱情王国归来。

生活是一首甜蜜的歌，爱情是一场美丽的梦。

有限的爱是一种占有，无限的爱是一种奉献。

成功的恋爱，使两个世界变成一个世界；失败的恋爱，使两个世界变成更多的世界。

忘却了甜言蜜语的岁月，忘却了花香鸟语的歌声，忘却了卿卿我我的柔情，迈上了无法挽回的征途。

云思念着蓝天，风思念着海洋，人思念着情人。

失恋时，不要万念俱灰，一颗痛苦的种子，也许会再度发芽。

浪涛在向堤岸告别时，会说声再见。恋爱失败时，也应该理智地说一声再见，让爱自由地去寻找属于自己的浪花。

在漫长的等待中，她姗姗而来；在焦渴的期待中，她带着雨露而来；在折磨人的煎熬中，她带着希望而来。

婚前，你是雾中花，一片朦胧；婚后，你是云中雨，洁净而晶莹。

思念是一种情感的孤独和精神的富有，是往日的泪水和未来的花朵。

玫瑰开在风雨后，风雨后面有彩虹。

相思的人，在痛苦的岁月中接受煎熬，被相思的人，在欢乐的歌声中悠然度日。

爱情的忠诚，刀斧不能将它分离；爱情出现叛变，金山银山不能使它回头。

情生在大海的彼岸，梦消融在天边的彩霞。

阳光能抑制树的创伤，爱能抑制爱的创伤。

多情的浪花，偷走了你的情思，宽广的大海带走了你的心愿。

倒在爱的沙场上，对抛弃者留下难断的愧疚，对被抛弃者留下难忘的思念。

恋爱时上帝含着祝福的微笑，失恋时上帝也会为你洒下同情的泪花。

欢乐如浪花欢歌，痛苦如利剑穿心。

因为爱，一切才会变得美好，因为恨，一切才会变得丑陋。

爱对有的人是幸福的花朵，对有的人是不幸的苦果。

爱是有边际的堤岸，恨是无边际的海洋。

一次失恋，能毁灭一个弱者的一生；却使一个强者拥有了另一个世界。

云，还是那样的云；风，还是那样的风，你的誓言啊，对我已是一场梦。

月是一样的明，山是一样的青，往日的情和爱一起随你远行。苦苦地哀求，纯朴的泪水，无法挽回你远航的心。

你我相隔天涯，朝朝暮暮，苦苦思想，月带来了愿望，风带来了幻想，两颗心始终不能在一起跳荡。

有的被爱推上了征程，有的被爱葬送了青春。

恋爱把勇敢的人送上了海洋，把胆怯的人留在了岸上。

爱，对有的人是蔚蓝色的天空，对有的人是飘荡的云彩。

爱对幸福的人是一樽美酒，对不幸的人是一场灾难。

爱太少时，喜悦的心情得不到滋润；爱太多时，喜悦的心情会慢慢积压忧虑。

暴风雨中，有的爱情大厦岿然不动；有的爱情大厦发生了倾斜。

爱情是什么，是火焰，火焰没有它炽热；是水，水没有它温柔；是云，云没有它飘逸；是天使，天使没有它纯洁。

爱情，追求时它是雾中的花朵，芳香而神秘；想念时它是一江春水，欢乐而忧愁；思念时像日出等待岁月的煎熬。

雨和雨的思念是多么的惆怅，心与心的思念是多么的痛苦。

天涯海角隔不断你的情，大江南北切不断你的爱。

思念，一颗痛苦的种子，希望获得收获，它却久久不肯发芽。

冰雪下，一颗永远不能燃烧的火种，却时时刻刻盼它燃烧。

想到你，无法入眠；见到你，无法平静；离开你，备受煎熬。

亲爱的人，我的心只为你燃烧；别人的爱情，不能点燃我一丝火苗。

闭着眼不看她，她的形象偏在眼里跳荡。

决心不想她，她的魂魄却紧紧系住心房；决心与她断绝往来，决心刚下定却又犹豫彷徨。

世界上有一种力量，谁也无法阻挡；世界上有一种决心，谁也无法改变；世界上有一种向往，谁也无法代替；世界上有一种追求，谁也无法泯灭。它啊，就是你梦寐以求的爱情。

你来时，像只翩翩而至的蝴蝶，带着美丽的色彩；与你交谈时，你是一缕阳光，温馨我心中的海洋；你走时，像朵白云，给蓝天留下无尽的遐想。

船儿带着蔚蓝色的思念飘向远方，心中的港湾却时时期盼它的归航。

万缕情丝难断，山盟誓言难尽。

像星星在天空闪烁，像云儿在蓝天追寻。

思念的彩翼随风飘荡，思念的痛苦与日俱长。

思念是一种痛苦，一种感情被另一种感情煎熬。

思念的彩翼永远在飘荡，却永远不会消失。

爱的心房应该像森严壁垒的城堡，时时提防外来的侵犯。

在满天的繁星中间，我寻找着你，那一颗属于我的星星；在浩瀚的海洋中，我寻找着你，那一朵属于我的浪花；在芳香的花园中，我寻找着你，那一朵属于我的玫瑰；在人的海洋中，我寻找着你，那一个属于我的天使。

花朵追求时溢香，情爱向往时情长。

爱情是个幸福的鸟，飞到东，飞到西，寻找自己的窝巢。

男人有自己的潇洒，女人有自己的高洁。

男人会用女人的需要来满足对方，女人会用男人的要求来征服对方。

男人在春风中陶醉，女人在花朵中含笑。

黑夜呼唤黎明的到来，江河呼唤大海的碧波，沙漠呼唤丛林的绿歌，人啊，呼唤心灵与心灵的相通。

男人的诺言描述未来，女人的诺言规划现在。

女人的不幸是在她不应该失去贞节的时候失去贞节；男人的不幸是在他不应该失去尊严的时候失去尊严。

女人给男人予力量，男人给女人予希望。

女人是生活的浪花，男人是浪花上的船只。

女人因为男人而喜悦，男人因为女人而欢乐。

男人喜欢女人属于自己，而女人却希望自己属于自己。

当女人走进神秘世界的时候，男人会在这个世界退却。

如果男人像女人那样温柔，男人就变成了女人。如果女人像男人那样刚强，女人就变成了男人。

女人强大时，像军团司令；女人弱小时，像脆弱的士兵。

女人在生活上是个实干家，在情感上是个幻想家。

女人改造男人的方法，是使坚强的灵魂屈服于温暖的情怀。

如果你伤害了女人的自尊心，你就是个永远被她痛恨的人。

女人会原谅你的过失，但不会原谅你的不敬。女人的自尊心是一块洁白的玉，伤害她的自尊心，就等于将这块玉打碎。

女人像鲜花，把花朵给了你，却把根苗给了大地。

女人一滴眼泪能软化你那不屈的心。

好的女人是避风港，她给你小船悠悠的欢快；坏的女人是暴风雨，她把你推向惊涛骇浪。

有的女人悦目而令人心醉，有的女人悦目而令人心碎。

大地之中有花朵，人群之中有美女。

美丽的花朵经不起风霜利剑，美丽的女人经不起岁月的摧残。

美玉在大山之中，美女在白云生处。

雾中的花更美，华盖中的女人更动人。

美，是女人的第一生命。

人们常说女人是花，但花没有女人艳丽；人们常说女人是玉，但玉没有女人圣洁。

女人与女人在一起的时候，冬天常有，春天却不常在。

男人骗人的时候，用的是语言；女人骗人的时候，用的是外貌。

男人会堕入女人的情网，女人会落入男人的陷阱。

爱，爱到天崩地裂；恨到江河干枯。

爱，没有理由；恨，有原因。

因为有了爱，才有上帝；因为有了恨，才有魔鬼。

人的幸运是表达了爱，人的幸福是得到了爱。

细雨敲打爱的门窗，滋润爱的心房。

爱有时清静得如绿色草原，有时迷惘得如雾中花朵，有时温柔得像春天的小雨，有时美丽得如同天空彩虹。

爱有时是一种甜蜜的向往，有时是一种罪恶的追求。

爱会激起爱的波澜，情会激起情的欢歌。

爱的天空是广袤的，在那里可以自由地选择自己的云彩。

爱有时是神秘的雾，得到它又失去它，有时是消失的雾，失去它又回来，有时是笼罩的雾，久久在你头上盘旋。

蓓蕾的等待是为了花的含笑，茧的期盼是为了生命的蠕动。

男人的情书像太阳一样坦然，女人的情书像月亮一样含蓄。

爱情是天上的云，需要浪漫幻想；爱情是地上的路，需要艰苦跋涉。爱情是绝壁上的花，需要胆识和勇气。

爱，有时阳光灿烂，有时阴云密布，有时春暖花开，有时烈日风暴。

爱有时在硝烟弥漫的战场，有时在和平的田野。

爱得热烈如火，爱得真诚如土，爱得疯狂如风。

有人打着爱的旗号，摧毁爱的花朵。

爱有时是一种绿色的祝福，有时是一朵飘荡的白云，有时是海中一缕浪花。

等待爱情不如追求爱情，向往爱情不如寻求爱情，坠入爱河不如投入爱河。

密林中有爱的神秘，晨雾中有爱的朦胧。

爱，有多少欢乐，就有多少楚歌。

爱是江河，有自己的波浪；爱是大海，它要任意疯狂。

是爱不要宣布，是情不要细说，让它隐藏在大海的深处。

有的爱在春风中陶醉，有的爱在秋雨中忧愁。

爱的天使既会来拜访神秘的宫殿，也会光临平民的茅屋。

从来没爱过是不幸的，爱过了又失去是痛苦的，爱过了现在仍然爱是幸福的。

恋爱是一剂药，幸福的人从它那里得到香甜，不幸的人从它那里得到苦涩。

舞台上的爱，是一首诗；生活中的爱，是一篇散文。

用虚荣心建立的爱情，必被虚荣心毁灭；用美貌建立的爱情，必被美貌葬送。

用金钱建立的爱情，必被金钱摧毁；用美德建立的爱情，必被美德称颂。

激情不如宁静的港湾，狂暴不如沉思。

异性的爱，是爱情中的一条小溪；朋友的爱，是爱情中的一条河；人类的爱，是爱情中的一座海。

爱，接近底线，是痛苦；超越底线，是折磨。

初恋时，你是芳香的花朵；热恋时，你是熊熊的烈火；结合时，你是甜甜的硕果。

时间使爱的感情累加，尊严使爱的感情升华。

土地不会辜负真诚的种子，爱情不会辜负诚实的心灵。

大海的浪涛，不断敲打你的生命小舟。

想你想到不能再想的时候，爱你爱到不能再爱的时候。

爱的种子只要发芽，千年冰封也无法扼杀它的绿色向往。

时间是爱的温床，诚实是爱的基础，语言是爱的花朵。

既然爱了，心灵就不要沉睡；既然爱了，就不要徘徊；既然爱了，就不要因失恋而使倩影憔悴。

用爱布满生命的阳光，用情编织人间幻想。

金钱是诱惑，色情是魔鬼，地位是楼阁，只有心灵才是构造城堡的基石。

金钱在爱情面前失去它的诱惑，爱情在金钱面前显示它的尊荣。

要爱，就要爱得美，美如鲜花；要爱，就要爱得潇洒，潇洒如韶华；要爱，就要爱得真诚，真诚如大地。

如果金钱是爱的前提，那爱情大厦已经出现了潜伏的裂痕。如果金钱成了爱的必需品，爱情就没有美丽可言。

爱使平庸的沟壑长出绿色的庄稼，使茂密的森林布满神话。

爱的痛苦和爱的幸福成正比，爱的痛苦越多，所得的幸福就越多。

温柔的爱能使千年的雪山融化，万年的仇恨熄灭。

关山无法阻挡爱的思念，雪冻冰封无法冻结爱的火焰。

爱能摧毁一切，也能构造一切。

爱能点燃最耀眼的生命火花，也能使人走向永不归的绝路。

爱情会使你变成滔滔不绝的雄辩家，也会使你变成沉默不语的科学家。

海的疯狂，因为风的鼓动；人的疯狂，因为情的驱动。

雾无法阻挡它的视线，火无法燃尽它的情思，岁月无法消失它的记忆。

爱能使你产生浪花般的喜悦，也能使你产生暴风般的疯狂。

是爱情创造了美，不是美创造了爱情；是爱情创造了幸福，不是幸福创造了爱情；是爱情鼓舞人们献身，不是献身赢得了爱情。

千里风霜，无法覆盖爱的烈火，万里高山，阻隔不了爱的思念，天崩地裂，改变不了爱的信念。

爱情，使幸福的人，得到更多的幸福；使绝望的人，得到新生；使罪恶的人，得到挽救。

爱希望激起爱的波澜，情希望开出美丽的花朵。

船，在大海里颠簸，是为了驶进心灵港湾。

处处都有天使笑脸，处处都有百花盛开。

爱使多少人获得幸福和欢乐，使多少人失去生命和年华。

心像明月一样纯洁，情像雨一样温柔。

用情丝编织的爱情宫殿，谁也无法摧毁它的辉煌。

女人是爱的花朵，男人是爱的绿叶。

风雨同舟度日月，青山绿水写诗篇。

爱情像天空飘落的雪花，慢慢堆积它的纯洁和美丽。

只要有风，大海就疯狂；只要有情，爱就掀起波浪。

爱使花朵开放，情使小草生长。

爱像风，风没有它温柔；爱像雨，雨没有它晶莹。

人们追求爱，不是人间缺少温暖；人们呼唤爱，不是人间缺少真情。

因为爱过，生活才美好；因为笑过，阳光才灿烂。

爱的火焰当它纯情燃烧的时候，这便是爱最光彩夺目的时候。

走过天走过地，都走不出小小的情思。

笑得灿烂，因为喜悦；爱得深沉，因为真诚。

每个大海都会有自己的浪花，每个爱都有自己的音符。

在爱的城郭，每个人都有一个坚强的卫队严守着爱的城堡。

心与心跨越海洋，情与情飞过高山。

温柔的风，一阵一阵吹拂着衣襟；柔情的雨，一滴一滴滴入心田。

让欢乐时时刻刻充满着爱的时空，让花朵时时刻刻开满着爱的大地。

心灵的土地需要爱的滋润，心灵的河水需要爱的涟漪，心灵的梦幻需要爱的彩虹。

爱在大地是花朵，爱在水中是明月。

爱虽没有重量，但车船无法将它载动；爱虽没有价值，但金钱无法购买。

爱神秘时是雾，温柔时是雨，绚丽时是彩虹，残酷时是风暴。

爱能使你生命最深处高尚的火花焕发出美丽的光彩。

爱在深山要冒险，爱在峡谷要飞越。

爱在春风中陶醉，情在春光中开花。

爱是风，爱是雨，风使你浪漫，雨使你温柔。

爱能使罪恶的灵魂得到拯救，使善良的灵魂得到完美。

阳光使世界变得灿烂，爱情使世界变得美好。

星星不属于月亮，鲜花不属于大地，只属于两颗相爱的心。

是情的音符，就应该有爱的交响；是爱的歌声，就应该有爱的合唱。

摇动了一河香水，摇没了天庭失落的珍珠，惊动了鱼儿的沉睡，两颗心摇成了一颗心。

自 然 综 合 篇

春风桃花流水，一路繁华美景。

春雷一声震天响，祖国无处不开花。

爱的春风最容易吹醒冬的寂寞。

拥有春天的是大自然，热爱春天的是人类。

不是春天还没有到来，是春的绿芽已在你的心中枯萎。

只要你热爱春天，春天就永远属于你。

春的明媚，夏的火热，秋的奉献，冬的高洁，它们组成了多彩的世界。

不学冰冻等着春光苏醒，要学燕子含着春光飞来。

青山绿水无处不是春；山河大地无处不是情。

我向春天一步一步走去，春天向我一步一步走来，我在寻找春天的花朵；春天在寻找我的祝福。

迎接春的到来，接受春的祝福。

心中有春天，一年四季都是绿。

迎春不觉春已到，送春不觉春已晚。

开门迎来春风使者，闭户留住春光无限。

等待春天的人，春天给你只是一朵美丽的花；迎接春天的人，春天给你花朵满园。

一阵春风过，留下千年香。

春天把自己的爱献给大地，便有万紫千红；春天把自己的爱献给蓝天，便有绚丽的彩虹。

春天把一切的希望都变成绿色的祝福。

青春属于年轻的人，春天属于所有的人。

春天，你是什么，你是北国的花朵，带来绿色的梦幻；你是南国的浪花，带来南海的风光；你是东海的碧波，带来晨曦的希望；你是北国的人漠，你是人们心中美好的一切。

春天你来自哪里？来自天空，带来彩霞满天；来自海洋，带来大海的深情；来自大地，带来慈母的恩爱；来自心中，带来人与人之间的祝愿。

赞美春天的人，并不能得到春天的赞美；创造春天的人，都会得到春天的讴歌。

春，为大地，披一身七色彩衫，为人间，献出百花黎明。

积雪下，深藏着春的希望；冻土下，覆盖着春的绿芽。

有的人在春风中陶醉，有的人在春风中奋发。

巍巍的高山和寂寞的山谷，都同样沐浴着春的阳光。

春天是给所有人的希望，给每一个人都是祝福。春去花还在，冬去雪还白。

秋天的黄叶知道生命的悲哀，春天的绿叶知道生命的宝贵。

春到人间百花开，秋到人间收割忙。

旭日东升光芒照人间，夕阳西下晚霞红满天。

希望的太阳，正待升起，升起的太阳，正待远航。

心中有太阳，阳光才温暖；心中有阳光，太阳才温暖；心中有太阳，太阳才辉煌。

在旭日中升腾，在夕阳中宁静。

拂晓看日出，夕阳看晚霞。

日出有日出的美丽，夕阳有夕阳的壮观，黄昏有黄昏的沉沦，朝霞有朝霞的风采。

太阳在照耀每一个人，而每一个人都孕育着不同的阳光。

热爱太阳的人，生命一定辉煌；热爱光明的人，生命一定美好。

早霞给予生命以火红，晚霞给予生命以壮美。

阳光下的人们，期待苍天的雨露，期待远方的彩虹，期待大海的歌声，期待船帆的返航，期待春天的花朵，期待秋天的收获，期待爱情的微笑，期待友谊的颂歌，期待各种胜利的凯歌。

阳光下有善良也有罪恶，有花朵也有荆棘。

向日葵，一颗金色的心，始终含着微笑面向太阳。太阳既照着幸福的人，也照着痛苦的人，既照着善良的人，也照着罪恶的人，既照着主人也照着仆人，既照着光明，也照着黑暗。

太阳把自己的光芒给了月亮，却让月亮接受洁白的赞美。

只要有阳光，小草就会愉快地歌唱。

人走到哪里都离不开太阳，太阳走到哪里都离不开大地。

追求光明的人，心中拥有太阳；追求真理的人，心中拥有阳光。

太阳照耀别人却不照耀自己。

太阳的辉煌不在于拥有而在于照耀。

一滴水是大海的情，一缕阳光是宇宙的爱。

每个人都享有阳光，但阳光又不属于每个人。

太阳，因为有你才有希望，我们随你升起而远航。

世界有三个太阳：天空的太阳光芒四射，灿烂无比；伟人是人类的太阳，他用自己高尚的光芒，将人类拯救；理想是追求的太阳，它用那彩色的光芒将你照耀。

太阳不会因你高兴而升起，太阳不会因你痛苦而西落，它按照自己转动，它按照自己热情而燃烧。

生命与太阳一同升起，人生与太阳共同辉煌。

如果你不爱太阳，群星对你已失去闪烁的意义。

落日在回忆中不伤感，旭日在东升时不自豪。

酒杯为你祝福，你会在祝福中陶醉；阳光为你祝福，你会在祝福中辉煌。

一颗渴求黎明的心，等待太阳壮丽地升起。

太阳虽然照不到背阴的山谷，山谷却一样拥有着太阳。

阳是一种希望，月是一种幻想，风是一个歌手，海是一个画面。

太阳是个热情的政治家，月亮是个多情的艺术家。

生命随着太阳升起，人生随着太阳远航。

太阳消失了，我们将困陷于黑暗而哀伤；月亮升起了，我们将喜悦于色而欢乐。

朝霞，燃烧的生命；晚霞，熄灭的灯火。

一个新的生命，在黎明中诞生；一颗希望的种子，在黎明中发芽，一个辉煌的事业，在黎明中升起。

晚霞一点红，引来一片红，你有多少幻想，就有多少彩虹。

清风无心吹草动，明月无意照人间。

太阳不因你的赞颂而生辉，明月不因你的情长而洁白。

太阳照耀着生命的前程，月亮照耀着逝去的岁月。

朝阳有升起的美丽，夕阳有衰落的美丽。

黄河落日千万里，一片红心在人间。

太阳，火红的心脏。燃烧的生命永远燃烧。

太阳是世界上最公正的人，它不会因为你的富有，而给你多，不会因为你的贫穷，而给你少。

人们赞美日出的壮丽，却忽视了它冲破黎明前黑暗时那痛苦的岁月。

众星拱日北斗，人心向着太阳。

向太阳走去，生命里会充满辉煌；向月亮飞去，生命会洁白高尚。

你心中没有阳光，别人就得不到你的阳光，你心中没有温暖，别人就得不到你的温暖。

阳光，披着彩色的梦幻从蓝天走来；是寻找自己的踪影，还是寻找新的世界。

旭日给你带来幻想，夕阳给你带来壮美。

天空有赤橙黄绿青蓝紫的幻想，人间便有七彩的阳光。

太阳照耀着善良，也照耀着罪恶；照耀着幸福的人，也照耀着痛苦的人；照耀着富有的宫殿，也照耀着贫寒的茅屋，它的给予是均等的。

朝阳礼赞黄昏的绚丽，黄昏礼赞朝阳的灿烂。

阳光灿烂的时候，不希望乌云的来临；乌云笼罩的时候，不希望风暴的来临。

日出朝阳般灿烂和日落夕阳般辉煌。

手握蓝天彩笔，脚踏肥沃的土地。

彩霞的生命是短暂的，它给蓝天留下多少记忆。

天空飘扬的旗帜，每个人为它增添色彩，天空横跨的彩虹，每个人为它编织梦幻。

星星为黑夜增添光辉，当黎明到来的时候，它又消失在无限的蓝天。

星星消失在茫茫的宇宙又复而出现是因为它对蓝天有种眷恋的爱。

星星在银河中闪光，因为它要把爱献给蓝天。

月亮是个伟大的艺术家，它使世界变得崇高而纯洁。

太阳的光芒，来源于火热的心脏；月亮的高洁，来源于心灵的崇高。

星星微小的生命组成了灿烂的银河。

星光灿烂的天空有多少美丽的梦想，无垠的大地有多少丰收的希求。

星星在大海里闪着迷人的光芒，它给浪花增添了欢乐的笑脸。

星星把自己的光芒献给了月亮，月亮把自己的光芒献给了人间。

天庭多了一颗星星，天庭会更加灿烂；天庭少了一颗星星，天庭依然灿烂。

星星永远闪亮，因为它有一颗爱银河和爱人类的心。

春风带来了绿色的云，秋风带来了彩色的雨。

风要摧毁一切，然而一切还在风中成长。跟着风到天涯，跟着船去远航。

春风阵阵有多少情思，春雨绵绵有多少情话。

一夜春风雨，勾起了多少惆怅。

大地的雨点，滋润万物，大海的雨点，构成蔚蓝色的梦想。

雨，因眷恋大地才告别天庭；风，因眷恋人间才唱着歌浪迹天涯。

雨从天空落下，把云彩的秘密，断断续续告诉了大地。

心中有一片美丽的蓝天，云彩为你描写彩色的画卷。

雨，阳光被你遮住色彩，月亮被你遮住笑脸，星星被你夺去光辉，一个劲儿地潇洒，就是不说话。

雨如轻柔的珍珠，在向大地细叙着自己晶莹的心灵。

有的人在顶峰上登上蓝天，有的人在顶峰上跌入峡谷。

飞机只能爱自己的航线，小鸟却可以爱天空任何一朵云彩。

大海高兴，就有歌声。太阳高兴，就有笑脸。

海的涛声，浪的欢歌，在向你叙述着一个遥远的故事。

浪花与浪花的追逐，给大海一片洁白的思念。

没有大海的气派，就无法奏响惊天动地的歌声。

千条江河归大海，点点白帆入蓝天。

浪花为你唱着洁白的歌，彩虹为你洒下了彩色的网。

小虾能过大海，小鱼能游大洋。

有多长的海岸，就有多少美丽的故事；有多阔的大海，就有多少美丽的歌声。

不懂海，不知海的澎湃；不爱海，不知海的胸怀。

回忆的浪涛一次又一次拍打着海的堤岸，欢乐的浪花一次又一次唱着愉快的歌。

高飞的海燕希望海的蔚蓝，行驶的船只希望海的彼岸。

江河不要表达，自有自己的情怀；大海不要表达，自有自己的豪迈。

出港，迎战风浪；进港，享受安宁。

浪花告诉你什么是洁白的爱，大海告诉你什么是蓝色的梦。

云海有一个彩色的梦，大海有一个蓝色的幻想。

大海有多少浪花，人间就有多少喜悦。

风使海疯狂，人使海欢歌。

大海无止境涌动万簇银花，是船的荡漾，海的诱惑，天的云霞，风的召唤。

大海，勇士的王国，懦夫的葬场，你没有勇气，就得不到它的爱。

你用惊天的雷声，宣告自己的尊严。你用柔柳般细语，倾诉自己的爱心。

大海的浪花，为每一个幸运的人祝福，也为每一个不幸的人哀歌。

大海爱得深沉，用平静表达自己的情感，大海爱得喜悦，用浪花表达自己的情思。

万顷波涛有一个遥远的生命，永久的歌声有一个幸福的向往。

如果你爱宁静的港湾，就领略不到大海的风采；如果你爱宁静的生活，你的人生就永远风平浪静。

是鸟儿，就要展翅飞翔；是船儿，就要驶出港湾。

沉默的大海，在叙述着一个古老的故事；欢腾的浪花，在歌颂着一个幸福的向往。

船儿留下大海的深情，风儿留下大海的向往。

大海为不幸的人举行葬礼，为幸福的人捧出浪花万朵。

浪花，浪花，一朵比一朵喜悦，船儿，船儿，一艘比一艘欢歌。

无际的天，给人以广阔；无涯的碧波，给人以深思。花开花落显出生命的光华，潮起潮落显出生命的澎湃。

大海会为你埋葬人间的不幸，也会为你捧出快乐的浪花。

大海，给勇士增添风采，给懦夫不幸，每个人都在这个海洋中寻找自己的珍珠。

浪花，因为有追求而欢乐；人生，因为有向往而幸福。

大海喜爱与它拼搏的勇士；浪花喜爱与它逗趣的鱼群。

小溪向往大海，因为它有一个蓝色的梦；江河向往大海，它有一颗奉献的心。

畏惧大海的人，成不了水手；畏惧风暴的人，成不了航海家。

江河有追求而豪迈，大海有向往而永恒。

如果你爱大海，你的生命就永恒，如果你爱浪花，你的生命就欢乐。

涓涓细流向往江河，滔滔江河向往大海。

大海有风兮千层浪，大海无风兮一片蓝。

前方灯火闪烁，后方千层波浪，左右烟笼迷茫，人生在生活中搏击风浪。

舟船爱追逐风浪，港湾爱回归渔网。

你喜悦，就爱大海的浪花；你沉默，就爱宁静的港湾；你挑战，就爱大海的风浪。

小溪用歌声唱出自己的愉快；江河用浪花叙述着未来。

有人在宁静的港湾安睡，不去追随大海的幻想；有人驾着美梦的快艇，驶向无边的海洋。

海岛，你并不孤立，你的身下有千朵浪花相拥；你的头上有蓝天白云相伴。

白色的帆，在大海中骄傲地舒展，是风的柔情，是海的浪漫。

江河使我们懂得了过去，大海使我们懂得了未来。

爱浪花的洁白和挑战，爱大海的搏斗和高歌。

大海歌唱时，浪花是它的音符；大海沉默时，星星是它的笑脸。

沉默的大海没有安睡，它积蓄着排山倒海的力量。

海鸥迎着朝阳飞翔，生命伴着大海呐喊。

记忆的小船，飘荡在思念的海洋，竞飞的风帆翻滚着银色的波浪。

礁石，烈日不能使它焚烧，风暴不能使它动摇，浪花不能将它引诱，它始终含着微笑，面向海洋。

唯有海洋浩渺的气概，才能谱写人间惊天动地的凯歌。

江河不拒绝小溪绿色的梦，大海不拒绝江河的思念。

天上没有云彩，人间没有幻想；大海没有浪花，世界就一片寂静。

浪花，大海的笑脸，大海的歌手。

贝壳，彩色的生命，是大海为它制作的衣衫。

浪花，一次一次被粉碎，一次又一次组合，始终唱着愉快的歌，向前！

浪花举着酒杯迎接远方的船只，浪花唱着歌送走飞逝的海鸥。

怕危险，不去航行；怕风浪，不去远航。

大海因为爱，才有宽广的胸怀。

大海升起千重浪，东海留下万千诗。

大海为勇士举杯，大海为懦夫落泪。

小溪背叛高山，不是小溪无情，是因为小溪要把对大山的爱，带给远方的海。

溪水流的是希望，阳光照的是辉煌。

颗颗种子都经风雨，粒粒谷穗都含耕耘苦。

旭日东升时耕耘，夕阳西下时收获。

有耕耘就有收获，有理想就有希望。

播种希望的人会得到希望，播种幸福的人会得到幸福，播种理想的人会得到理想，播种春天的人会得到春天，播种美的人会得到美。

一颗种子是一个绿色的芽，千万颗种子组成绿色的家园。

种子微小的生命也要开出绿色的花，冲破岩石的挤压，伸出头颅，实现自己向上的追求。

播种无须看风云，收获却要知天气。

春天的脚步向你走来，春天的钟声向你敲起，春天的希望向你献出。

严冬封冻，无法使江河停留。

大雪覆盖的土地，无法扼杀绿色的生机。

冷酷无情的冰告诉你什么是温暖，绿色的禾苗告诉你什么是希望。

大地有丰收，人间有希望，世界有未来，你我共筑，人间世界梦。

种子在挣扎，它是一种等待；种子在播种，它是一种希望；种子在收获，它是一种成果，梦想的种子不开花，田野的种子长绿芽。

勤奋的人用汗水播种，懒惰的人用幻想耕耘。

种子盼望生长，大地盼望丰收。

因为真诚，大地献出了绿色的禾苗；因为善良，大地才献出丰收的果实；因为温馨，大地才开出万朵花。

树根含大地沃土，头顶扬蓝天彩云。

根，紧紧地向大地延伸；叶，却希望与蓝天云彩相融。

枫叶飘落了，也要用自己火红的心，染红大地。

春天给人多少绿色的幻想，冬天给人多少洁白的思念。

飘落的树叶不是死亡，而是为了一个更绿色的期待。

树头顶青天，脚踏大地，一片清凉留人间。

草，一个微小的生命却拥有大地的爱和蓝天的云彩。

与风同游蓝天白云，与雨同时潇洒大地。

鲜花爱向春风微笑，小草爱向蓝天撒娇。

花开花落是生命的光华，人来人去是生命的奔流。

大地上的花鲜艳而美丽；云中的花多彩而飘逸。

花朵不会因为枯萎而失去芳香，彩虹不会因为消失而失去记忆。

浪花开在大海中，鲜花开在人心中。

思念随风飘荡，花朵随风飘香。

满眼百花放，含笑对春风。

蓝天下一朵美丽的花，含着微笑面向太阳。

梅花味香使多少人流连忘返，桃花色美使多少人倾倒园庭。

阳光给你艳丽色彩，大地给你芳香生命。

阳光多情时便有了花，花多情时便有了笑脸。

美丽的云彩拥出明亮的月亮，鲜艳的花朵给大地穿上彩色的新装。

鲜花追着朝霞开放，因为它的生命充满着艳丽的爱。

花有的在歌声中开放，有的在泪水中枯萎，开放的是一颗奉献的心，枯萎的是一颗失落的情。

当梦是花时，它比花美，当花是梦时，它比梦甜。

人醉在爱的海洋，花醉在大地的原野。

幽兰因为王者而自豪，牡丹因为富贵而自傲。

大地给花朵予生命，阳光给花朵予笑脸。

绿叶在大地起舞，鲜花在云间含笑。

蓓蕾在等待中含笑，夕阳在告别时含晖。

人希望花永远鲜艳，花希望人永远芬芳。

花，你热情时，向春天洒满斑斓色彩；你冷漠时，向大地献出一片痴情。

三月桃花水，水中花更美。

花渴望阳光的爱，花渴望人间的爱；是人使它披上了美丽的朝霞，是阳光给了它生命。

花微笑，是因为它爱人生；花哀伤，是因为它爱大地。

人爱花的灿烂，花爱人的多情。

鲜花盛开如名媛争艳，大地给花朵光艳芳菲。

花朵给人间笑容，阳光给花朵彩色的生命。

人在梦里像花，花在梦里像彩虹。

花朵美丽的笑脸和天上闪烁的星辰织成了天上、人间的彩虹。

鲜花一生灿烂，是因为它要把自己一生献给这美好的世界。

花开灿烂照人，花落芳香留大地。

土地使花风流倜傥，绰约多姿；阳光使它灿烂；雨露使它温柔。

花用自己的艳丽，博得人间的赞语；草用自己的常青，获得大地的爱抚。

如果你是花，你会为自己的艳丽而骄傲；如果你是草，你会为自己的纯真而自豪。

大海深处有珍珠，白云生处有奇景。

浪花美在大海，彩虹美在天空。

在星星的世界，有多少美丽的故事；在月亮的世界，有多少圣洁的幻想。

风断万里云，鸟飞白云间。

云中有美丽的彩虹，山顶有霞光万缕。

海有千重浪，天有万里云。

一朵花，有自己的笑容，有蓝天的云彩；一棵树，有自己的希望，有大地的深情。

一缕阳光有春的情丝，一朵鲜花有大地的情怀。

观日月知百合之心，观江河知小溪碧流。

人去楼空明月在，舟去江静水自流。

浪花与浪花簇拥，彩云与彩云拥抱。

笑看溪流入大海，喜看彩云入蓝天。

有月亮的地方，就有光明；有太阳的地方，就有辉煌。

无边灿烂的星星，你有多少人间的问候，你有多少闪烁的思念。

失去太阳的人，不会再辉煌；失去群星的人，不会再灿烂。

阳光使世界灿烂，花朵使世界美好。

彩虹美在蓝天，鲜花美在大地。

明月在天照耀，江河万古长流。

万木向阳开，万花报春来。

彩霞万里天地秀，鲜花盛开喜事多。

溪水不是酒，却能醉倒江山。

太阳是一种辉煌，群星是一种闪烁。

春风吹醒了沉睡的灵魂，花儿开出了美丽的世界。

彩虹因为短暂而美丽，大海因为永恒而壮观。

阳光照耀的地方就有绿色的小草，春风吹拂的地方就有蝴蝶起舞。

一朵花有蓝天的云彩，一滴水有大海的深情。

大海高兴时，捧出了浪花，大地喜悦时，献出了花朵。

贝壳告诉你大海的色彩，珍珠告诉你大海的向往。

雨告诉大地，是自己的惆怅；风告诉大地，是自己的飘荡。

星与星互相辉映，花与花互相含笑。

风带给你彩色的雨，它告诉你人间的喜悦。

花使世界欢乐，树使大地常青。

阳光灿烂给你火热的生命，大地广阔给你希望的前程。

大山给你多少庄严的诗篇，大海给你多少蓝色的梦想，森林给你多少神秘的故事。

无人看花，花自艳；无人赏树，树自青。

云朵与云朵相遇能产生美丽的彩虹，浪花与浪花相遇能产生洁白的大海。

一朵花有自己美好的记忆，一棵小草有自己绿色的向往。

绿叶有自己青春的梦想，花朵有自己彩色的记忆，小草有春的雨露。

因为有爱天上才有美丽的彩虹，因为有情大海才有愉快的歌声。

每一粒种子都是希望，每一缕阳光都是盛情。

春光明媚有多少喜事，百花盛开有多少祝福。

云朵随风飘荡，浪花随海远航。

无风大海也起波澜，无雨大地也有鼓点。

风带来了天涯的问候，雨带来了海角的思念。

大千世界如此美丽，无限的星空如此灿烂。

不管你需要不需要，太阳都给你光明，不管你需要不需要，雨儿都给你滋润。

阳光不分善恶一样照耀，花朵不分你我一样吐芳。

风雨不能动摇大山的信念，云不能消融大山的身躯。

在彩霞面前，太阳会失去光辉，在彩虹面前，蓝天会失去容颜。

彩霞在水中晃动，它要把天上的绚丽，融化在蓝色的海中。

尘土使花有了生命，太阳使花有了色彩。

在蓝天拥有自己一片光彩，在大地拥有自己一片丛林，在山峦拥有自己一片仙境。

一叶小草也能唤起沙漠绿色的向往，一滴小雨也能滋润沙漠燃烧的心脏。

花朵赞扬阳光的灿烂，小草歌唱春风的爱抚。

不管你是否微笑，花儿一样开放；不管你是否欢歌，江水一样流长。

太阳使生命充满辉煌，月亮使人生充满洁白。

火因为热情而使冰雪融化，阳因为照耀而使人间温暖。

彩霞恋天空，浪花恋海洋。

海之大，能容千条江河；天之高，能容万物苍生。

多情的浪花不懂得情深的大海，飞翔的燕雀不知道丛林的迷幻。

白云有美丽的幻象，大地有愉快的牛羊。

大海有愉快的歌声，丛林有自己的乐章。

树荫下构筑幻想，蓝天下做着美梦。

江河因为奔流才有歌声，大海因为欢乐才有浪花。

小溪想永恒，就要入江河；江河想永恒，就要入大海。

鲜花拥有人间的笑容，纯真的小草拥有大地的真情。

彩云有梦幻，大海有歌声。

小雨把云彩的秘密告诉了大地，花朵把绿叶的秘密告诉了人间。

太阳无私献出火热的心，月亮无私献出洁白的爱。

燃烧的太阳，希望有美丽的彩霞相伴，绿色的树丛，希望有美丽的花朵相映。

日月不会改变，因为它真诚；江河不会改变，因为它永恒。

阳光使世界辉煌，月亮使人间洁白。

江河有自己欢快的歌声，大海有自己喜悦的浪花，小溪有自己绿色的向往。

白云有多少情思只有蓝天知道；花朵有多少情怀只有大地知道。

江河消失在大海，大海因此永恒；云朵消失在蓝天，蓝天因此美丽。

每一片绿叶都有自己的希望；每一棵树都有自己骄傲的蓝天。

做一棵树，心向蓝天，却又不离开大地；做一朵花，把爱献给人间，却又不求回报；做一棵草，微弱的生命一样拥有蓝天的云彩。

大海懂得江河的向往，蓝天懂得白云的思念。

登山，风光无限；入水，柔情万千。

水流眼前过，风吹十里香。

生命光辉如太阳，品行高洁如月亮。

烟霞萦绕，必有重山矗立；草木茂盛，必有春的脚步。

时间不是金钱，却比金钱更宝贵；时间不是财富，却比财富更富有。

严寒无法阻挡春的脚步，车轮无法阻挡时间的进程。

过去的岁月已成为遥远的童话，将来的岁月才是闪烁的星河。

时间不会因你而再来，太阳不会因你而再升起。

昨夜的星辰已消失在遥远的银河，今天的星辰依然在银河闪烁，明天的星辰还会照亮银河。

时间是无形的资本，它无形地存在，又无形的消失。

重复的是时间，不重复的是岁月。

不要留恋青年时代的红颜妩媚，岁月的钟声已将人敲得老态憔悴。

白天，时间伴随着你的身影；夜晚，美梦伴随你遨游银色的夜空。

让时间在岁月的沙滩上留下我们的足迹，让岁月在大海的浪涛中留下我们的歌声。

浪费时间的人，时间也将你浪费。

时间是会给你穿上皇帝的衣衫，也会给你披上乞丐的破烂。

曾记否，钟山脚下观彩霞，燕子矶头观流水。

时间能造就英雄豪杰，也会产生社会渣滓。

时间是个伟大的雕塑家，在他笔下，每个人都有自己的形象。

时间使珍惜者显露光芒，使懒惰者黯然无光。

时间是每个人都拥有的珍宝，这个珍宝有的人使它发光，有的人却使它暗淡。

时间会为你创造或耗尽钱财，也会把你送上征程或跌入谷底。

要使生命发出光芒，就要使每一分钟都闪闪发光。

流星在蓝天留下闪光的记忆，生命在人生的海洋中留下美丽的浪花。

遗失昨天你会懊悔，拥有今天你会自豪。

错过太阳的人，也会错过群星；错过今天的人，也会错过明天。

财富的拥有和失去，人们会看到，而时间的拥有和失去，人们却看不到。

无情的时间，给予每个人的是有情的希望。

在生命的浪涛中搏击，在岁月的长河中闪烁。

失去财富，财富可以再来；失去时间，时间永远不会再来。

时间不是在期待中发光，而是在拼搏中闪烁。

昨天是一份遗失的画卷，今天是一份规划的蓝图，明天是一串喜悦的硕果。

在岁月的红颜中失去青春，在历史的长河中留下闪光的年华。

青年人唱着晨歌，迎接未来；老年人唱着小夜曲，等待明天。

时间是每个人都具有的财富，也是每个人容易失去的财富。

青春，当你追求它时，它是含笑的花蕾；当你虚度时，它是飘落的花朵。

人没有青春就没有生命，民族没有青春就没有希望，国家没有青春就没有未来。

青年是燃烧的火，中年是思索的水，老年是沉思的冰。

火焰在燃烧，热血在沸腾，灵魂在呼唤，生命在搏击，花朵在绽放。

青春无悔，不虚度岁月，青春辉煌，生命灿烂。

青春只有幻想的时间，没有思索的时间，在幻想时，它寻找自我；在思索时，它又失去自我。

搏击和进取使青春发光，徘徊和陶醉使青春失去光华。

青春，朝霞中滚动的露珠，事业丰碑上一朵玫瑰，生命长河中愉快的涟漪。

岁月使你失去青春年华，却把更年轻的未来交给你。

岁月的青春，属于你的只有一次，生命的青春，属于你的有无数次。

大自然最美的是春天，人类最美的是青春。

地上最美的花朵是牡丹，人间最美的花朵是青春。

花美在容颜，人美在青春。

不在春光中陶醉，要在春光中奋起。

美好的青春不在于你拥有的一切，而在于你希望做出的一切。

昨天融化在记忆中，明天融化在蓝天中。

过去是你失落的回忆，今天是你奋发的战绩，明天是你追赶的未来。

帝王在征战中耗尽了年华，人生在拼搏中失去了岁月。

太阳的升起不是为了今天的灿烂，而是为了明天的辉煌。

千里风涛在叙述着一个古老的故事，万里碧波在倾诉着无数个古老的神话。

时间不会因你的欢乐而停止消失的脚步，岁月不会因你的苦痛而缩短它的步伐。

可怕的黑夜孕育了黎明的曙光。

丧志者，哀叹年华的消逝，奋激者，歌颂青春的永恒。

时间是什么？是太阳火红的生命，是月亮洁白的笑脸，是悠远的钟声，是近处的虫鸣，是春的到来，是秋的逝去，是友谊告别的泪水，是远方的爱，是身旁的花香鸟语，是奔腾的脚步，会消失在衰老的田野，是燃烧的战火，是和平的田野，是，也不是。

勤奋的人给时间留下丰收的果实，懒惰的人给时间留下幻想的丰收。

过去的岁月是遥远的河，未来的岁月是远方蔚蓝色的海。

早晨奋斗，旭日正东升；中午奋斗，丽日正当空；晚上奋斗，夕阳已黄昏。

有的人用火红的生命，为时间增添色彩，有的人用逝去的岁月，为时间谱写凯歌。

你热爱时间，他会给你更多的时间；你浪费时间，他会给你更少的岁月。

有情的是青春，无情的是岁月。

假如时间能够停留，岁月就不会有春夏秋冬。

每个人都拥有时间，每个人都会失去它，拥有时间的人会得到岁月，失去时间的人会失去生命。

今天是个现实的世界，明天是个幻想的世界，后天是个辉煌的世界。

人生中最宝贵的是生命，生命中最宝贵的是时间，时间中最宝贵的是分分秒秒。

时间淹没了千千万万过客，岁月埋葬了多少英雄豪杰。

逝去的岁月有无法挽回的伤痛，奋战的今天有多少激战的喜悦，未来的明天有多少星辰在闪耀。

时间对有的人是进军的战果，对有的人是飞扬的骏马，对有的人是纸醉金迷，灯红酒绿。

时间在前方闪烁，生命在闪烁中衰老。

用奋斗的烈火，毁灭无情的岁月。

风华正茂时努力，青春无悔；艳阳高照时奋发，生命辉煌。

时间的前边是光芒四射的太阳，时间的后边是夜晚消失的月亮。

如果你感到金钱不够，是种空虚；如果你感到时间不够，是种富有。

远方的江河会消失在遥远的大海，岁月会使人消失在历史的长河。

黑夜是幻想家的乐园，白天是实干家的战场。

胜利者从时间那里得到辉煌，奋激者从时间那里得到勋章。

有人会在时间的碑石上刻下辉煌的业绩，有人会在时间的碑石上留下简单的篇章。

人生，愿你有一个愉快的人生；岁月，愿你有一个潇洒的岁月。

如果你觉得时间短暂，你便是时间的主人，如果你觉得时间漫长，时间便是你的主人。

追求财富的人，时间是金钱，追求事业的人，时间是生命。

浪费自己的时间和剥夺别人的时间，都是种罪恶。

千里风涛送走了难忘的岁月，万里浪花迎来了生活的新歌。

时间能给有情的万物披上彩色的生命，又能将它无情毁灭。

时间在你行动以前它是美丽的梦幻；在你行动时，它是拼搏的汗水，在你行动以后，它是金色的收获。

生命予岁月，岁月闪现光华；岁月予生命，生命光照人间。

富有的人拥有了时间，时间对于他是种贪婪；贫穷的人拥有了时间，时间对于他是种饥寒；勤奋的人拥有了时间，时间对于他是种收获，懒惰的人拥有了时间，时间对于他是种宰割。

时间使你的生命燃烧，岁月使你的光华闪烁。

世界上的人拥有不同的财富，但他们却拥有共同的财富——时间。

在黑暗中有两种人：一种人期待黎明的到来，一种人向着黎明走去。

白天彩云飘荡的世界给你歌舞升平；夜晚寂静的世界给你沉睡和反思。

旭日东升，希望无限。

灿烂的星空给你遐思万千。

过去如歌如泣，现在如血如火，未来如诗如梦。

勤勉的人想的是如何利用时间，平庸的人想的是如何耗尽时间。

有的人觉得时间太多，不知如何打发，有的人觉得时间太少，不知如何利用。

如果你无情地消磨时间，时间也会无情地吞噬你。

时间分文不值，它却是十分宝贵的财富。

时间的波涛转瞬消失在岁月的大海，远飞的大雁无声地消失在万里长空。

不到时间天不亮，不到时间花不开。

将来是今天的将来而不是明天的将来。

懒惰的人等待明天，勤奋的人迎接明天。

花开又一春，花落又一秋，花开花落失去了多少岁月。

万丈长缨也无法束缚苍龙的飞逝。

岁月残酷如箭，时光美如花朵。

无情的岁月将红颜和皓齿摧残。

回忆不会负疚，向往不会失落。

闲知岁月长，忙知岁月短。

时间给勤勉人留下丰收，给懒惰人留下幻想。

旭日照过了多少红颜妩媚，落日映进了多少银丝白发。

时间可变成黄金，黄金却无法变成时间。

在太阳下不耕耘，在月亮下就不会播种。

时间是一匹永远奔腾的骏马，它永远不会停止自己的脚步，除非你的生命已经倒下。

有的人为金钱失去时间，有的人为时间失去金钱。

浪费时间，是对生命的一种毁灭。窃取别人的时间与窃取别人的钱物同样是犯罪。

时间会使树失去荣耀，花失去绚丽，人失去青春和年华。

你可以征服时间但你无法征服岁月。

过去的时间，谁也无法使它再现光芒，未来的时间，你却要为它精心绘制蓝图。

钟声能够敲碎别人的美梦，却无法敲醒自己的沉睡。

过去不管你的功绩与否，那是种存在；未来不管前程如何，那是种可能；现在不管状况如何，那是种现实。

带着叹息告别过去的岁月，怀着激情拼搏今天的分分秒秒，含着微笑迎接未来的曙光。

英雄忍耐是要惊天动地，奴隶忍耐是要苟延残喘。

朝阳给你辉煌的生命，落日给你多彩的人生。

时间给勤奋的人留下丰收的果实，给懒惰的人留下痛苦的回忆。

追求金钱的人会失去金钱，追求时间的人会得到岁月。

美丽的青春不可能再度光辉，鲜艳的花朵不可能再度开放。

有的人在一天中获得了一天，有的人在一天中失去一天。

时间对于奋发的人是黄金，对于懒惰的人是草芥。

时间使你懂得了生活，岁月使你懂得了年华。

晚霞时幻想不如朝霞时努力。

日起日落这一天我们做了什么，风风雨雨这一年我们献出了什么。

浪费别人的时间，是对别人的一种扼杀，浪费自己的时间，是对生命的一种摧残。

为过去的岁月干杯，因为它充满了爱；为未来岁月干杯，因为它充满了诱惑。

在逝去的岁月中寻找当年的荣华，在寻找的岁月中寻找繁荣的欢歌，在将来的岁月中寻找美丽的梦幻。

幻想鼓舞青年激情，回忆缠绕老人情思。

不懂得珍惜时间的人，是对生命一种犯罪。

今天，属于每一个人，有的为它洒下耕耘的汗水，有的为它建立了历史丰碑，有的为它留下了悔恨泪水，有的为它做出了壮丽的献身。

结束争战让时间在阳光下自由地开花。

时间是美丽的天使，它会使你憔悴的生命焕发青春，也会使你发光的生命黯然无光。

当你忙的时候，时间是流星一闪而过；当你悠闲的时候，时间是蜗牛，分分秒秒慢慢爬行。

有的人生命被时间切割得支离破碎，有的人生命被时间凝聚得闪闪发光。

人们拥有相同的时间，却拥有不同的岁月。

人与时间一起行进，时间与地球一同旋转。

有的人在时间中煎熬，有的人在时间中燃烧。

过去用情编织了岁月，未来用梦构造了幻想。

过去像流水一样消失，未来像梦一样沉浮。

失落的太阳每天会升起，失落的时间却不会再来。

明天是一幅蓝色的图，它可以勾起你的情思；明天是一次勇敢的挑战，它能点燃你心中烈火；明天是美丽的云彩，它能勾起你天河般幻想；明天是万顷波涛，它能向你展现大海的蔚蓝。

每一个宝贵的今天构成了每一个美丽的明天。

生命因为珍惜而美丽，岁月因为珍惜而生辉。

缺少时间的人，一切都不缺少；缺少金钱的人，一切都缺少。

时间白白地流掉，流掉的是岁月，流不掉的是悔恨。

钟表只能告诉你时间，却不能告诉你岁月。

现在是过去的终点，未来的起点，把握现在就是把握未来。

时间的骏马在前面飞奔，时间的战车在后面紧紧相随。

太阳下耕耘，群星下播种。

阳光迎来了多少美丽的花朵，风雨吹落了多少秋叶。

白云万里离天去，大江东流不复回。

伟大与平凡篇

能看穿一个人，是凡人；能看穿一个世界，是伟人。

平凡的人在幻想中生活，伟大的人在理想中生活。

做不了月亮就做群星，做不了大树就做小草。

伟人与凡人都有一颗追求的心，这颗心大如山峰，小如弹丸。

天才的人是走在前面而不是走在后面，平凡的人是走在后面而不是走在前面。

凡人的幸福和苦难，属于一个人或几个人；伟人的幸福和苦难，属于整个民族，一个国家或多个国家。

平凡的人，有平凡的乐趣；伟大的人，有伟大的烦恼。

也许你一生平凡，平凡有平凡的宁静；也许你会伟大，伟大却有伟大的艰难。

大海不拒绝江河的向往，蓝天不拒绝云朵的飘荡。

五岳来自山丘而不同山丘，大海来自江河而不同江河，伟人来自凡人而不同凡人。

登泰山知山之微，入沧海知江河之渺。

火柴，一个微小的生命，也要做一次闪光的燃烧。

蓝色的大海不会拒绝小溪绿色的向往。

不幸，对于凡人是种灾难，对于伟人是种机遇。

身居高位不忘人民，远居异地不忘故乡。

凡人面对的是生活，伟人面对的是世界。

凡人只能解释世界，不能改变世界；伟人不但能解释世界，还能改变世界。

没有太阳的世界永远是黑暗，没有伟人的世界永远是混沌。

众人会用自己雷霆万钧的力量，激起大海般的浪涛。

惊涛骇浪识水手，灾难面前识天才。

蜡烛燃烧自己，照亮别人；天才燃烧自己，照亮世界。

人的不朽不是光辉的名字，而是光辉的事业。

挥毫江山动，落笔定乾坤。

笔下有万里江山，胸中有世纪风云。

伟人的力量，是把千百万人的力量和智慧变成自己的力量和智慧，然后去改天换地。

天才的人是把梦想变为现实的人。

如果你是大海，你就会容纳江河；如果你是天空，你就会容纳星辰。

风云突变，胸有百万雄师，我自岿然不动，这是伟人。

迎着逆风前进的人是舵手，能率领亿万群众前进的人是领袖。

如果你崇拜神的伟大而想成仙，如果你崇拜领袖而想成为伟人，你的结果只能是不幸。

先有天才的思想才有天才的行动。

历史造就了伟人，伟人推动了历史。

伟人是伟大而高尚的人。

星星使月亮伟大，众人使伟人伟大。

胸中有百万雄师，笔下有千军万马。

心中有蓝天，事事不忧；心中有海洋，万事可容。

平凡的人，活在一个人的心中；伟大的人，活在千百万人的心中。

小溪小，它有自己绿色的天地；绿叶小，它有自己的色彩。

想平凡可以平凡，想伟大却难以伟大。

现在的你也许十分平凡，未来的你也许不平凡。

烈火产生英雄，危难产生伟人。

东海不轻溪流，五岳不轻尘丘。

像大海一样能容千万江河，像丛林一样能容千树百花，像大地一样承受万物，像江河一样积聚溪流。

一个人的智慧和千百人的智慧相结合，一个人的力量和千百人的力量相结合，这就是天才。

婚姻家庭篇

妈妈年轻时是朝霞，年老时是夕阳，她的生命始终幸福而辉煌。

丈夫希望妻子月亮般纯洁，妻子希望丈夫太阳般火热。

恋爱靠幻想建立楼阁，婚姻在这楼阁内进行装潢。

好妻子帮助丈夫实现事业，坏妻子毁灭丈夫的未来。

有的家庭虽然不是硝烟弥漫的战场，却也有刀光剑影在闪动；有的家庭虽然没有冲锋呐喊的号角，却也有小打小敲在舞动。

世界上有一种最美的声音，那就是母亲的声音；世界上有一种最善良的心，那就是母亲的心；世界上有一种最高尚的爱，那就是母亲的爱；世界上有一种最真诚的祝福，那就是母亲的祝福。

在你胜利的时候，朋友会为你举杯；在你失败的时候，母亲会为你落泪。

　　年轻的时候，妈妈像一轮朝日把你从海中托起，慢慢送向大海的远方；年老的时候，妈妈是西落的太阳，仍披着霞光把你带进宁静的海港。

　　父亲拥有尊严，母亲拥有权力，子女拥有自由。